中国物流科技发展报告
2019—2020

REPORT ON LOGISTICS TECHNOLOGY DEVELOPMENT OF CHINA

2019—2020

上海海事大学

Shanghai Maritime University

中国物流与采购联合会　　　　编著

China Federation of Logistics & Purchasing

中国财富出版社有限公司

图书在版编目（CIP）数据

中国物流科技发展报告.2019—2020／上海海事大学，中国物流与采购联合会编著.—北京：中国财富出版社有限公司，2020.12

ISBN 978－7－5047－7364－7

Ⅰ.①中…　Ⅱ.①上…②中…　Ⅲ.①物流—科技发展—研究报告—中国—2019—2020
Ⅳ.①F259.22

中国版本图书馆 CIP 数据核字（2020）第 262762 号

策划编辑　郑欣怡		责任编辑　邢有涛　张宁静		
责任印制　梁　凡		责任校对　杨小静		责任发行　敬　东

出版发行　中国财富出版社有限公司

社　　址　北京市丰台区南四环西路 188 号 5 区 20 楼	邮政编码　100070	
电　　话　010－52227588 转 2098（发行部）	010－52227588 转 321（总编室）	
010－52227588 转 100（读者服务部）	010－52227588 转 305（质检部）	
网　　址　http://www.cfpress.com.cn	排　　版　宝蕾元	
经　　销　新华书店	印　　刷　天津市仁浩印刷有限公司	
书　　号　ISBN 978－7－5047－7364－7/F·3252		
开　　本　880mm×1230mm　1/16	版　　次　2020 年 12 月第 1 版	
印　　张　13	印　　次　2020 年 12 月第 1 次印刷	
字　　数　280 千字	定　　价　380.00 元	

序

全球经济的不确定性以及新冠肺炎疫情的巨大冲击，使全球的制造业供应链、大宗商品供应链、防疫物资供应链、消费供应链受到影响，供应链中断成为大中型企业面临的主要压力之一，但在新冠肺炎疫情影响下物流行业的发展也面临新的机遇。2020 年 6 月发布的《国务院办公厅转发国家发展改革委 交通运输部关于进一步降低物流成本实施意见的通知》提出的推动物流信息开放共享、降低货车定位信息成本、完善物流标准规范体系、推进物流基础设施网络建设、提高现代供应链发展水平、加快发展智慧物流、积极发展绿色物流等举措，无不需要物流科技的助推。

行之力则知愈进，知之深则行愈达。由上海海事大学物流情报研究所、教育部科技查新工作站（G12）与中国物流与采购联合会科技信息部联合编著的《中国物流科技发展报告（2019—2020）》（以下简称《报告》），十余载不忘初心地专注研究物流业与新科技的共生发展状态与趋势，为现代物流业转型升级提供不可或缺的科技情报支持。

新一轮的技术革命正在改变着传统的产业模式，逐步成为推进物流业发展的新动力，成为实现物流业降本增效、推进物流业转型升级的关键因素。如何建立专业化的供应链管理企业，把握科技业的发展趋势，将科技与物流业融合，使之更好地服务于物流业，《报告》将与读者分享专业机构的观点。

《报告》聚焦"新基建"背景下的物流业科技如何发展、突发公共事件下如何完善应急供应链的问题；利用专利和文献挖掘区块链技术态势；剖析新冠肺炎疫情影响下需求增长的即时配送和以电商为媒介的乡村物流；展望 6G、智能工厂、低轨卫星等前沿技术对物流业的影响。同时，《报告》继续深入揭示国内外物流学术研究的现状，发现研究热点并展望研究趋势，为未来的物流学术研究提供方向性借鉴，发挥独特的情报支撑作用。

高科技与物流业的深度融合将会促进物流业产生巨大的革命性飞跃，加速物流行业数字化、网络化、智能化的进程，也将从根本上改变物流科技发展方式。心有所信，方能远行，秉承"关注世界科技动向，引导中国物流科研方向"宗旨，在这物流业大发展大变革的时代，需要强力的物流科技情报支持，《报告》旨在促进中国物流业更好地实施科技创新发展！期待中国物流业在科技浪潮下，效率优化、质量提升、服务升级，在危机中育新机、于变局中开新局。

黄有方

目 录

/// CONTENTS ///

引 言 0

2019 年，我国物流业主要经济指标运行在合理区间，结构调整和新旧动能加快转换，降本增效取得阶段性成果，营商环境持续改善，为实现"六稳"目标作出了贡献。突如其来的新冠肺炎疫情不仅严重威胁人民群众的身体健康和生命安全，同时对世界经济、政治、贸易和供应链产生重大影响。

每一次重大事件的后续，都会对相应的产业提出升级要求。在新冠肺炎疫情期间，物流业虽然较为及时地发挥出维护社会稳定的作用，但是效率与质量亟待进一步提高，物流技术的发展也要求探索更广的应用场景。未来，以数字化、网络化、智能化为基础的产业互联网系统会使物流更加快捷。

《中国物流科技发展报告（2019—2020）》（以下简称《报告》）第 1 章从中国物流业大环境入手，回顾 2019 年国内外宏观经济环境，分析中国物流业态势，概述中国物流科技发展现状。

物流学术科研情况反映了物流领域科研人员的研究内容和成果，主要通过基金项目、科研论文、成果奖励等形式展现，是物流领域科研和科技发展的历史记载。《报告》第 2 章在项目立项、论文发表、科技奖励视角下，采用文献计量方法，对"十二五"和"十三五"期间物流领域中外学术研究进展进行分析，以期揭示中外物流学术研究的现状、热点。

专利作为技术研发最重要的成果表现形式，被认为是挖掘新兴技术信息的重要数据来源。《报告》第 3 章以区块链技术的专利为研究对象，通过挖掘区块链专利的发展趋势、专利市场布局、热点技术领域、重要专利等情报，以协助相关企业确定研发主题和方向，避免重复研发；辅助企业认清本行业技术发展趋势、核心专利分布，评估具有吸引力的技术；帮助企业寻找合作伙伴，掌握竞争对手的现状，评估竞争对手在不同技术领域的优势等，并为我国物流业研究技术路线的规划和相关产业政策的制定提供参考。

以"分享最新物流科技前沿趋势，展示最新研发成果和产品"为宗旨，《报告》第 4 章重点介绍与推广过去一年中在物流技术与装备、物流技术应用领域、行业进步及社会发展等方面有突出贡献的创新产品，以促进中国物流技术与装备的发展，鼓励行业应用创新成果，推动中国物流业与社会的和谐发展。同时，选取部分"2020 年度中国物流与采购联合会科学技术奖"获奖企业的科技应用案例，通过理论与实践结合，集中展示在全国物流与采购以及生产资料流通领域中的科学技术进步成果。

受新冠肺炎疫情影响，"无接触配送""新基建""即时物流""航空货运""共享物流"等热词被高频提及，昭示着物流业前行的方向。《报告》第 5 章从即时物流和乡村物流的发展态势开始，揭示它们的发展内核，并期望通过分析具体的案例找到物流企业发展的启示。

此外，新冠肺炎疫情加速了数字化革命进程，并正在悄然改变人们的工作、学习和生活方式。云课堂、云医疗、云生鲜等云端服务的优化及开发、线上应用的激增及与线下业务的互动，将继续深化并成为常态化，也为未来新业态和商业模式创新奠定基础。新时代下的物流业与新技术的融合也将越来越迅速。《报告》第 6 章聚焦 6G、智能工厂、低轨卫星等前沿技术，重点展望这些技术对物流业未来发展的影响。

最后，《报告》第 7 章聚焦"新基建"背景下我国物流业科技如何发展、突发事件下如何完善应急供应链等问题，研究其对物流业科技发展产生的深远影响，并提出策略建议，以期为中国物流业科技发展指引方向，提升中国物流业科技发展水平。

2019年
中国物流行业运行态势 1

物流是保障国民经济循环畅通的重要部分，它连接第一、第二、第三产业，服务于各行各业。社会物流总额从"十二五"时期的近10%同比增长率，到"十三五"时期的6%同比增长率，步入中速增长期的物流业，更加专注于质量提升、效率优化与服务升级。

本章从中国物流业大环境着眼，回顾2019年国内外宏观经济环境，分析中国物流业态势，概述中国物流科技发展现状。

1.1 2019年国内外经济运行概述

联合国发布的《2020年世界经济形势与展望》表示，全球经济增长率在2019年降至2.3%，为近10年来的最低水平，这是在2017年全球经济迎来曙光后的再一次下滑。

1.1.1 2019年世界经济运行情况

2019年各国贸易摩擦持续加剧，受多重因素影响，主要国家经济增长率低于预期，扩张减弱，全球贸易增长率回落。在2020年中，经济影响严重程度取决于新冠肺炎疫情蔓延的规模和所采取的遏制措施。

1.1.1.1 世界经济增速放缓

经济合作与发展组织（OECD）发布的最新《OECD经济展望》（OECD Economic Outlook）将2020年全球经济增长率预期从新冠肺炎疫情暴发前的2.9%下调至2.4%（见表1-1），并表示如果疫情持续时间更长、影响更深，可能会使2020年的全球经济增长率跌至1.5%。不过OECD预计，若新冠肺炎疫情得到妥善控制，待到疫情影响逐渐消退，2021年的全球经济增长率有望反弹至3.3%。

表1-1　　　　2019—2021年全球主要国家/地区GDP增长趋势　　　　单位:%

国家/地区	2019年	2020年	2021年（预估）
世界	2.9	2.4	3.3
发达经济体	3.1	2.7	3.5
美国	2.3	1.9	2.1
欧元区	1.2	0.8	1.2
英国	1.4	0.8	0.8
日本	0.7	0.2	0.7
印度	4.9	5.1	5.6

国家/地区	2019 年	2020 年	2021 年（预估）
中国	6.1	4.9	6.4
俄罗斯	1.0	1.2	1.3
巴西	1.1	1.7	1.8
南非	0.3	0.6	1.0

数据来源：OECD。

1.1.1.2　世界贸易增长放缓

世界贸易组织 2020 年 4 月 8 日发布的报告《全球贸易数据与展望》显示，受新冠肺炎疫情影响，2020 年全球贸易预计缩水 13%～32%，萎缩幅度可能超过 2008 年国际金融危机时的情况。报告显示，受贸易紧张局势和经济增长放缓影响，2019 年全球货物贸易量已下降 0.1%。2020 年，基本上所有国家或地区的贸易量都会出现两位数的下降。而从行业细分来看，电子和汽车制造产业的贸易缩水将更为严重。

波罗的海干散货运价指数（BDI）是衡量国际海运情况的权威指数，也是反映国际贸易情况的领先指数。2018—2019 年波罗的海航运指数如图 1-1 所示。2019 年 12 月 24 日，BDI 收于1090 点，全年最小值 595 点，最大值 2518 点，中位数 1264.50 点（相比 2018 年中位数 1356.50点下降 6.78%），平均值 1352.87 点（相比 2018 年平均值 1352.63 点上涨 0.02%）。BDI 作为反映国际贸易情况的权威指数，显示 2019 年航运贸易增长放缓。

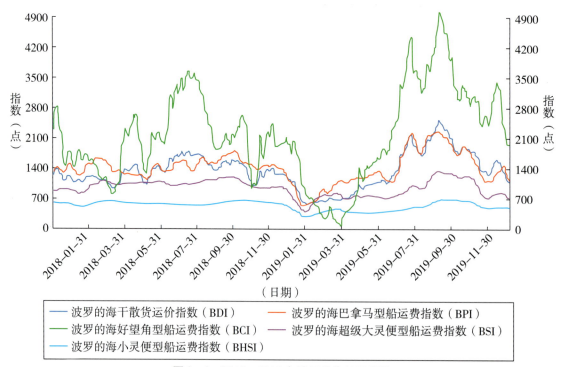

图 1-1　2018—2019 年波罗的海航运指数

数据来源：Wind。

同期，波罗的海巴拿马型船运费指数（BPI）收于 1117 点，全年最小值 552 点，最大值 2262 点，中位数 1256.50 点（相比 2018 年中位数 1465 点下降 14.2%），平均值 1386.68 点（相比 2018 年平均值 1453.09 点下降 4.57%）。波罗的海好望角型船运费指数（BCI）收于 1950 点，全年最小值 92 点，最大值 5043 点，中位数 2306 点（相比 2018 年中位数 2069.50 点上涨 11.43%），平均值 2261.27 点（相比 2017 年平均值 2103.59 点上涨 7.50%）。波罗的海超级大灵便型船运费指数（BSI）收于 718 点，全年最小值 414 点，最大值 1351 点，中位数 796 点（相比 2018 年中位数 1036 点下降 23.2%），平均值 880.22 点（相比 2018 年平均值 1030.64 点下降 14.60%）。波罗的海小灵便型船运费指数（BHSI）收于 487 点，全年最小值 290 点，最大值 690 点，中位数 479 点（相比 2018 年中位数 591.50 点下降 19.02%），平均值 490.91 点（相比 2018 年平均值 596.92 点下降 17.76%）。

1.1.2 2019 年中国经济运行情况

2019 年国内生产总值 990865 亿元，同比增长 6.1%。其中：第一产业增加值 70467 亿元，增长 3.1%；第二产业增加值 386165 亿元，增长 5.7%；第三产业增加值 534233 亿元，增长 6.9%。第一产业增加值占国内生产总值比重为 7.1%，第二产业增加值占国内生产总值比重为 39.0%，第三产业增加值占国内生产总值比重为 53.9%。全年最终消费支出对国内生产总值增长的贡献率为 57.8%，资本形成总额的贡献率为 31.2%，货物和服务净出口的贡献率为 11.0%。人均国内生产总值 70892 元，同比增长 5.7%。国民总收入 988458 亿元，同比增长 6.2%。全国万元国内生产总值能耗同比下降 2.6%。全员劳动生产率为 115009 元/人，同比提高 6.2%。

1.1.2.1 中国对外贸易总额保持稳定

2019 年货物进出口总额 315505 亿元，同比增长 3.4%。其中：出口 172342 亿元，增长 5.0%；进口 143163 亿元，增长 1.6%。货物进出口顺差 29197 亿元，同比增加 5931 亿元。对"一带一路"沿线国家和地区进出口总额 92690 亿元，同比增长 10.8%。其中：出口 52585 亿元，增长 13.2%；进口 40105 亿元，增长 7.9%。

中国出口集装箱运价指数（CCFI）是反映中国出口集装箱运输市场价格变化趋势的航运价格指数。2019 年中国出口集装箱运价指数报收于 878.86 点，全年最小值 776.92 点，最大值 891.32 点，平均值 823.98 点，中位数 818.97 点。其中，平均值相比 2018 年（816.01 点）上升 1.0%，中位数相较于 2018 年（822.94 点）下降 0.5%，相较于历史（2002—2018 年）平均值 1002.75 点、历史中位数 1029.80 点分别下跌 17.8% 和 20.5%。数据显示，该指数处于历史低位（见图 1-2）。

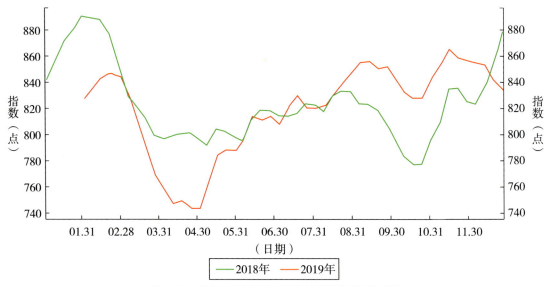

图 1-2　2018—2019 年中国出口集装箱运价指数

数据来源：Wind。

注：以 1988 年 1 月 1 日的 CCFI 为标准，当日计 1000 点。

1.1.2.2　中国制造业采购经理指数（PMI）小幅下跌

2019 年中国制造业 PMI 平均值 49.73%、中位数 49.6%（见表 1-2），较 2018 年平均值 50.9%、中位数 51.25% 分别下跌 2.3% 和 3.2%。较历史（2005—2018 年）平均值 51.77% 下降 3.9%，较历史（2005—2018 年）中位数 51.25% 下降 3.2%。

表 1-2　　　　　　　　　　　2019 年 1—12 月中国制造业 PMI　　　　　　　　　　　单位:%

月度指标	1 月	2 月	3 月	4 月	5 月	6 月	7 月	8 月	9 月	10 月	11 月	12 月
中国制造业 PMI	49.5	49.2	50.5	50.1	49.4	49.4	49.7	49.5	49.8	49.3	50.2	50.2
生产量指数	50.9	49.5	52.7	52.1	51.7	51.3	52.1	51.9	52.3	50.8	52.6	53.2
新订单指数	49.6	50.6	51.6	51.4	49.8	49.6	49.8	49.7	50.5	49.6	51.3	51.2
新出口订单指数	46.9	45.2	47.1	49.2	46.5	46.3	46.9	47.2	48.2	47.0	48.8	50.3
在手订单指数	43.7	43.6	46.4	44.0	44.3	44.5	44.7	44.8	44.7	44.9	44.9	45.0
产成品库存指数	47.1	46.4	47.0	46.5	48.1	48.1	47.0	47.8	47.1	46.7	46.4	45.6
采购量指数	49.1	48.3	51.2	51.1	50.5	49.7	50.4	49.3	50.4	49.8	51.0	51.3
进口指数	47.1	44.8	48.7	49.7	47.1	46.8	47.4	46.7	47.1	46.9	49.8	49.9
出厂价格指数	44.5	48.5	51.4	52.0	49.0	45.4	46.9	46.7	49.9	48.0	47.3	49.2
主要原材料购进价格指数	46.3	51.9	53.5	53.1	51.8	49.0	50.7	48.6	52.2	50.4	49.0	51.8
原材料库存指数	48.1	46.3	48.4	47.2	47.4	48.2	48.0	47.5	47.6	47.4.	47.8	47.2
从业人员指数	47.8	47.5	47.6	47.2	47.0	46.9	47.1	46.9	47.0	47.3	47.3	47.3
供应商配送时间指数	50.1	49.8	50.2	49.9	50.9	50.2	50.1	50.3	50.5	50.1	50.5	51.1
生产经营活动预期指数	52.5	56.2	56.8	56.5	54.4	53.4	53.6	53.3	54.4	54.2	54.9	54.4

数据来源：国家统计局。

中国制造业 PMI 是衡量制造业景气程度的指标，在领先指标中很重要，2019 年的数据反映了中国制造业整体上处于历史低位，反映出我国正处于经济结构转型期。

1.2 2019 年物流业运行情况

2019 年中国物流业保持总体平稳、稳中有进的运行态势，物流需求规模不断扩大，经济结构调整逐渐优化，物流运行效率有所改善。

1.2.1 物流需求进入中速发展阶段

社会物流需求总体保持平稳增长，但增速有所趋缓，进入中速发展阶段。从规模总量看，2019 年我国社会物流总额达到 298.0 万亿元（见图 1-3），从增长率看，全年社会物流总额可比增长 5.9%，增长率同比回落 0.5 个百分点；从年内走势看，第一季度、上半年增长率仍均维持 6% 以上，前三季度回落至 6% 以内，11—12 月小幅回升。

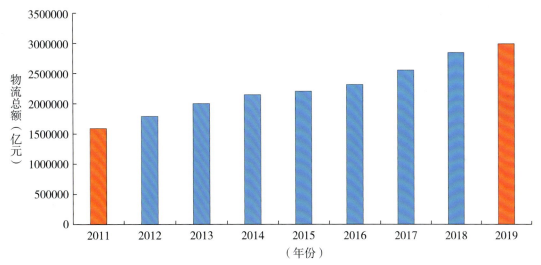

图 1-3 2011—2019 年社会物流总额

数据来源：中国物流与采购联合会。

在"十三五"时期，2016—2018 年社会物流总额增长率均高于 6.0%，维持在 6.1% ~ 6.7%，2019 年回落至 6% 以下。与同期 GDP 相比，"十三五"时期社会物流总额增长率连续低于 GDP 增长率，显示当前我国的经济增长方式已从以物化劳动为主向以服务化活劳动为主转变。

1.2.2 物流成本增势趋缓

2019 年社会物流总费用同比增长 7.3%，增长率同比回落 2.5 个百分点，比年初回落 1.2 个百分点。社会物流总费用与 GDP 的比率为 14.7%，比上年同期下降 0.1 个百分点。其中，运输物流效率持续改善，物流运输系统更为高效，铁路运输、管道运输费用占比均有提高，相对费率较高的道路运输比率有所下降，显示当前运输费用结构更趋合理。各种交通方式向一体化融合发展转变，运输结构进一步优化，铁水、公铁、公水、空陆等联运方式发展迅速，多式联运及运输代理等高效连接方式占比提高1.1个百分点。

但从近年走势来看，物流成本由快速下降期转而进入平台期。2017年之前，社会物流总费用与GDP的比率连续下降，2018—2019年则有所提高。在未来一段时期，这一比率仍可能在14%~15%波动。

1.2.3 中国物流业景气指数回落

中国物流业景气指数（LPI）主要由业务总量、新订单、库存周转次数、设备利用率、从业人员、平均库存量、资金周转率、物流服务价格、主营业务利润、主营业务成本、固定资产投资完成额、业务活动预期12个分项指数和1个合成指数构成。其中，合成指数由业务总量、新订单、库存周转次数、设备利用率、从业人员5项指数加权合成。LPI反映了物流业经济发展的总体变化情况，以50%作为经济强弱的分界点：高于50%时，反映物流业经济扩张；低于50%时，则反映物流业经济收缩（见表1-3）。

表1-3   2018—2019年1—12月LPI对比及增长率   单位:%

各分项指数（年度均值）	2018年	2019年	增长率
业务总量	53.58	53.47	−0.21
新订单	52.82	53.93	2.10
库存周转次数	51.45	52.52	2.08
设备利用率	53.43	53.73	0.56
从业人员	50.26	49.40	−1.71
平均库存量	50.32	50.12	−0.40
资金周转率	50.09	53.62	7.05
物流服务价格	50.10	51.10	2.00
主营业务利润	50.40	52.60	4.37
主营业务成本	54.08	56.98	5.36
固定资产投资完成额	51.81	51.46	−0.68
业务活动预期	59.83	57.53	−3.84

数据来源：中国物流与采购联合会。

LPI调查结果基本反映了中国物流业发展运行的总体情况，与货运量、快递业务量、港口货物吞吐量等物流相关指标，以及工业生产、进出口贸易、固定资产投资、货币投放等经济相关指标具有较高的关联性。其中，新订单指数是反映物流业需求变化情况的一项重要指数，2019 年的新订单指数较 2018 年增长 2.1%。业务总量指数是反映物流业务活动活跃程度的重要指数。2019 年 LPI 中的业务总量指数平均值为 53.47%，较 2018 年的平均值 53.58% 回落 0.21%。

1.3　2019 年中国物流科技发展状况

物流科技主要为作用于物流行业的仓储、运输、配送以及物流整体运行效率提升的科学技术，包括硬件设备以及软件。本节从中国物流科技相关支持政策、中国物流科技相关指数运行情况概述中国物流科技发展现状。

1.3.1　中国物流科技相关支持政策

国家各级政府机构出台了一系列鼓励物流行业向标准化、自动化、智能化发展的政策（见表 1-4）。如《国务院办公厅转发国家发展改革委 交通运输部关于进一步降低物流成本实施意见的通知》提出：加快运输领域资质证照电子化，推动线上办理签注；优化大件运输跨省并联许可服务，进一步提高审批效率；研究制定 2021—2025 年国家物流枢纽网络建设实施方案，构建"通道 + 枢纽 + 网络"的物流运作体系；继续实施示范物流园区工程，示范带动骨干物流园区互联成网；推动铁路企业与港口、物流等企业信息系统对接，完善信息接口等标准，加强列车到发时刻等信息开放；推广应用多式联运运单，加快发展"一单制"联运服务；严格落实网络货运平台运营相关法规和标准，促进公路货运新业态规范发展等。多项物流科技措施的出台，旨在提升现阶段物流业发展效率。

表 1-4　　　　　　　　　　　物流科技相关政策

文件名称	发文时间
《国务院关于印发"十三五"现代综合交通运输体系发展规划的通知》	2017 年 2 月
《国务院办公厅关于进一步推进物流降本增效促进实体经济发展的意见》	2017 年 8 月
《国务院办公厅关于推进电子商务与快递物流协同发展的意见》	2018 年 1 月
《国务院办公厅关于印发推进运输结构调整三年行动计划（2018—2020 年）的通知》	2018 年 10 月
《国务院办公厅关于保持基础设施领域补短板力度的指导意见》	2018 年 10 月
《国务院办公厅转发交通运输部等部门关于加快道路货运行业转型升级促进高质量发展意见的通知》	2019 年 5 月
《国务院办公厅转发国家发展改革委 交通运输部关于进一步降低物流成本实施意见的通知》	2020 年 6 月
《国家发展改革委 交通运输部关于印发〈国家物流枢纽布局和建设规划〉的通知》	2018 年 12 月
《国务院办公厅关于印发推进运输结构调整三年行动计划（2018—2020 年）的通知》	2018 年 10 月
《商务部等 8 部门关于开展供应链创新与应用试点的通知》	2018 年 4 月

文件名称	发文时间
《商务部等五部门关于进一步落实城乡高效配送专项行动有关工作的通知》	2019 年 2 月
《关于开展 2018 年流通领域现代供应链体系建设的通知》	2018 年 5 月
《关于推动农商互联完善农产品供应链的通知》	2019 年 5 月
《国家邮政局办公室关于印发〈2018 年深化邮政业供给侧结构性改革工作要点〉的通知》	2018 年 3 月
《国家邮政局关于推进邮政业服务"一带一路"建设的指导意见》	2017 年 12 月
《国家邮政局 商务部 海关总署关于促进跨境电子商务寄递服务高质量发展的若干意见（暂行)》	2019 年 2 月

资料来源：各政府网站、中国物流与采购联合会。

1.3.2　中国物流科技相关指数运行情况

中国快递发展指数是一套立足于商务快件业务变化，通过监测行业、地区、市场主体使用商务快件情况，反映产业活动态势和快递物流行业发展的综合指标体系。中国电商物流指数是一套立足电商物流活动，依托电商物流平台，快速、准确反映电商物流运行状况和变化趋势的综合评价指标体系。中国仓储指数是一套立足于仓储企业，通过快捷的调查方式，以翔实、动态的数据信息，反映仓储行业经营和国内市场主要商品供求状况与变化趋势的指标体系。本节选取以上 3 个指数进行分析，反映当下中国物流科技发展现状。

1.3.2.1　中国快递发展指数

《2019 年中国快递发展指数报告》显示，2019 年中国快递发展指数为 998.00 点，相比 2018 年的 814.50 点提高 22.53%（见表 1 - 5）。全国快递企业日均快件处理量超 1.7 亿件，最高日处理量达 5.4 亿件。全国快递业务量突破 600 亿件，累计完成 635.2 亿件。预计 2020 年快递业务量将超过 740 亿件，快递业务收入将超过 8690 亿元。

表 1 - 5　　　　　　　　　　　　　中国快递发展指数

中国快递发展相关指数	2018 年（点）	2019 年（点）	增长率（%）
发展指数	814.50	998.00	22.53
发展规模指数	1765.30	2207.10	25.03
服务质量指数	133.40	166.00	24.44
服务质量指数：满意度	75.90	77.30	1.84
服务质量指数：时限准时率	79.00	79.26	0.33
发展普及指数	377.20	389.00	3.13
发展趋势指数	92.90	83.20	- 10.44

数据来源：中国物流与采购联合会。

中国快递发展指数的调查地区覆盖全国（不含港澳台地区）各省、自治区和直辖市，调查单位主要是规模较大并且商务快件业务占有一定比例的快递物流企业，通过中国快递发展指数能够监测行业的发展规模、速度、效益和活跃程度，能够更好地发现和把握经济转型过程中出现的新业态、新动能、新亮点。我国快递发展模式日趋成熟，市场规模持续扩大，中国已经成为世界第一快递大国。

1.3.2.2 中国电商物流指数

在简政放权、信息化应用、交通运输基础设施建设等多项举措带动下，运输环节时效持续提升。特别是电商物流等重点领域持续高效运行，2019 年中国电商物流指数平均为 111.17 点（见图 1 –4）。

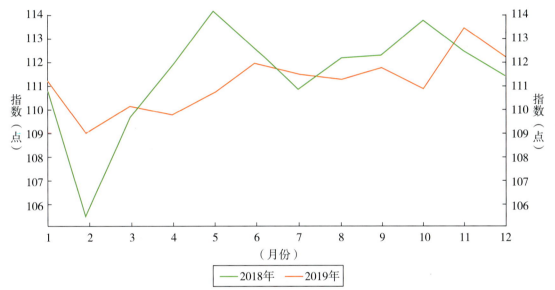

图 1 –4　2018—2019 年中国电商物流指数（同比指数）走势

数据来源：中国物流与采购联合会，Wind。

1.3.2.3 中国仓储指数

2019 年中国物流业主要经济指标运行在合理区间，保持总体平稳、稳中有进的发展态势。仓储作为物流的重要组成部分，也随着物流业的发展而取得长足进步。仓储业务规模稳步提升，行业供需整体增强，利润不断增加，但随着成本支出的高涨，盈利能力仍显不足。

从中国仓储指数来看，2019 年，仅 2 月和 7 月处于 50% 以下的收缩区间，其余月份均保持在扩张区间，而 2018 年 2 月、6 月和 7 月处于收缩区间。2019 年中国仓储指数全年的均值为52.5%，比 2018 年指数均值 51.3% 高 1.2 个百分点。总体来看，2019 年中国仓储行业整体处于景气区间，行业发展形势较好（见图 1 –5）。

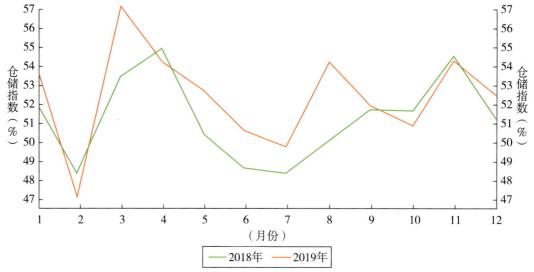

图 1-5 2018—2019 年中国仓储指数走势

数据来源：中国物流与采购联合会，Wind。

1.4 小结

2020 年是"十三五"的收官之年，也是我国全面建成小康社会的关键之年，在突发事件冲击下，物流业只有以科技为本，提质增效，才能抵御危机。

1.4.1 物流绩效指数

《世界银行物流绩效指数报告》出具的国家或地区间物流绩效水平排名得到国际社会广泛认可和普遍采用。其核心内容是"物流绩效指数"，它是 2007 年由世界银行提出的用以衡量世界各国物流发展水平的指标体系，被认为是目前最权威和最严谨的物流发展水平衡量指标。

根据世界银行公布的 2018 年全球物流绩效指数，中国位列第 26 位（5 分制，中国得分3.61 分，第 1 名德国得分 4.20 分），具体见表 1-6。相较于 2016 年，中国排名上升一位（见表1-7），得分较 2016 年的 3.66 分下降 0.05 分。

表 1-6　　2018 年全球物流绩效指数前十名的国家/地区及中国的各项得分　　　单位：分

排名	国家/地区	得分	通关效率	基础设施	国际运输	物流业竞争力	可追溯性	时效性
1	德国	4.20	4.09	4.37	3.86	4.31	4.24	4.39
2	瑞典	4.05	4.05	4.24	3.92	3.98	3.88	4.28
3	比利时	4.04	3.66	3.98	3.99	4.13	4.05	4.41
4	奥地利	4.03	3.71	4.18	4.08	4.08	4.09	4.25
5	日本	4.03	3.99	4.25	3.59	4.09	4.05	4.25
6	荷兰	4.02	3.92	4.21	3.68	4.09	4.02	4.25

排名	国家/地区	得分	通关效率	基础设施	国际运输	物流业竞争力	可追溯性	时效性
7	新加坡	4.00	3.89	4.06	3.58	4.10	4.08	4.32
8	丹麦	3.99	3.92	3.96	3.53	4.01	4.18	4.41
9	英国	3.99	3.77	4.03	3.67	4.05	4.11	4.33
10	芬兰	3.97	3.82	4.00	3.56	3.89	4.32	4.28
26	中国	3.61	3.29	3.72	3.54	3.59	3.65	3.84

表1-7 2012年、2014年、2016年、2018年中国的全球物流绩效指数排名与得分

年份	2012年	2014年	2016年	2018年
全球物流绩效指数排名（位）	26	28	27	26
全球物流绩效指数得分（分）	3.52	3.53	3.66	3.61
通关效率得分（分）	3.25	3.21	3.32	3.29
基础设施得分（分）	3.61	3.70	3.75	3.72
国际运输得分（分）	3.46	3.50	3.70	3.54
物流业竞争力得分（分）	3.47	3.46	3.62	3.59
可追溯性得分（分）	3.52	3.50	3.68	3.65
时效性得分（分）	3.80	3.87	3.90	3.84

1.4.2 主要问题

从通关效率指标看，我国的快速清关能力还有待进一步提高。一般来说，清关时间大概要占进口总时间的1/3，协调边境代理机构、减少通关时间是提高物流绩效指数的一个着力点。从物流基础设施指标看，通信技术和IT设备是当代国际贸易的核心部分，货物的实体移动（物流）需要及时有效的信息交流。近十年我国的物流基础设施数量迅速增长，但质量和利用效率有待进一步提高。从国际运输的便利性、跟踪货物运输能力、货物运输的时效性来看，这三个指标主要涉及贸易系统和供应链的稳定性和可预测性，需要通过清关过程的可预测性及运输的船舶能否及时抵达目的地来衡量。

根据我国统计数据，2019年工业流动资产周转次数约为2.03次，与上年基本持平，但比2017年下降了0.4次。一方面，工业企业资金周转次数下降导致运转的必要货币需求量有所增加，企业生产经营的流动资金压力也有所增加，直接导致物流运行中的资金周转效率下降。另一方面，库存周转速度趋缓，社会库存有所上升。经济环境趋于复杂，实体经济困难的状况有所加剧，企业产成品库存增加，库存周转速度放缓。国家统计局数据显示，2019年12月末的产成品存货周转天数为16.9天，与上年同期基本持平；从长期趋势来看，与2017年、2016年相比库存周转速度有所放缓、社会库存有所上升。2019年工业规模以上企业存货与主营业务收入

的比率为 11.1%，与 2017 年、2016 年相比显著提高。由此也带来仓储物流成本的持续增加，2019 年仓储相关物流成本增长 10.6%，占保管费用的比例提高 0.9 个百分点。

在发展中国家，物流产业竞争力取决于国内物流成本、物流服务水平、供应链效率及宏观经济环境，上述指标反映出我国整体物流环境不够理想。如何大力发展物流业科技、把握物流业科技发展新动向，是本报告的主要议题。

物流领域
学术科研发展状况 2

物流学术科研情况反映了物流领域科研人员的研究内容和成果，主要可通过基金项目、科研论文、成果奖励等形式展现，是物流领域科研和科技发展的记录。本章在项目立项、论文发表、科技奖励视角下，采用文献计量方法，对"十二五"和"十三五"期间中外物流科学研究进展进行分析，以期较为准确地把握中外物流学术研究的现状、热点及前沿。

2.1 基于项目立项视角的中外物流科学研究现状分析

在科学研究和技术开发活动中，科技项目立项资助的目的是解决科技创新和社会生产中的科学技术问题。科学基金的立项和资助，瞄准学科研究前沿和国家战略需求，使学科知识演化与社会价值需求结合，具有鲜明的学术权威性和需求导向性。因此，基金项目的内容主题能很好地反映学科领域的研究进展。

世界各国科研基金数据可以揭示各国在组织结构、经费、分配方式和资助领域等方面的表现情况。本节选择美国国家科学基金会（NSF）作为国外物流类资助项目研究的代表，同时选取中国国家自然科学基金物流类立项课题、中国国家社会科学基金物流类立项课题、中国教育部人文社科基金物流类立项课题，以及中国物流学会、中国物流与采购联合会研究课题等作为分析对象，对"十二五"和"十三五"期间中外物流科学研究现状进行对比分析。

2.1.1 国外主要基金项目视角下的物流科学研究现状分析

本节以 NSF 2011—2019 年资助的项目为研究对象，基于 VOSviewer 分析工具绘制知识图谱，力求客观反映近十年美国物流研究关注的重点领域和热点。

2.1.1.1 总体资助格局

2011—2019 年，NSF 共资助在研和完成的物流项目 408 项[①]。由表 2 - 1 可知，2016 年 NSF 资助物流项目数量和总资助金额达到近十年最高；2019 年 NSF 资助物流项目 40 项，总资助金额 1568.0 万美元，平均每项资助金额 39.2 万美元，资助项目数量减少，但资助强度回升，仅低于 2015 年的 41.8 万美元。

其中，工程学部（Engineering，ENG）资助 231 项，占总量的 56.6%，其余分别来自计算

---

① 通过美国国家科学基金会网站资助项目检索系统（http://www.nsf.gov/awardsearch/），分别以"logistics"（物流）和"supply chain"（供应链）为关键词检索，时间跨度为 2011—2019 年，共得检索结果 793 项。人工去重和删除与物流无关的项目，得到 NSF 共资助在研和完成的物流项目 408 项（检索时间：2020 年 6 月 12 日）。

机信息科学与工程部（Computer & Information Science & Engineering，CSE）82 项，教育与人力资源部（Education & Human Resources，EHR）25 项，地球科学部（Geosciences，GEO）23 项，社会、行为和经济学部（Social，Behavioral & Economic Sciences，SBE）21 项，数学和物理学部（Mathematical & Physical Sciences，MPS）18 项；此外，还有 7 项涉及透支退款（Over Draft Refund，O/D），1 项涉及生物科学（Biological Sciences，BIO）。与 2011—2015 年研究项目的学科分布相比，2016—2019 年工程学部研究项目占比有所降低，为 50.8%；而计算机信息科学与工程部，地球科学部，社会、行为和经济学部及生物科学部的 NSF 物流项目均有所增加。这种情况体现了 NSF 加强对物流领域跨学科和学科交叉研究的支持，即聚焦工程领域，同时与计算机信息、教育、地球科学、社会、经济、数学、物理等多学科形成不同程度的交叉关系。

表 2-1　　　　　　2011—2019 年 NSF 物流项目的资助情况

项目情况	"十二五"时期					总计	"十三五"时期				总计
	2011 年	2012 年	2013 年	2014 年	2015 年		2016 年	2017 年	2018 年	2019 年	
项目数量（项）	30	31	39	44	57	201	64	45	58	40	207
资助金额（万美元）	904.6	704.7	1077.2	1123.6	2382.9	6193.0	2442.9	1590.8	1485.7	1568.0	7087.4
平均每项资助金额（万美元）	30.2	22.7	27.6	25.5	41.8	30.8	38.2	35.4	25.6	39.2	34.2

2.1.1.2　NSF 物流项目研究计划

NSF 每年会发布 12 个分支的研究计划，研究者可以提交研究项目申请。NSF 某一研究计划的制订一般可代表该领域当前研究前沿或热点，也可能是重点关注的领域和亟须解决的问题，因此绘制 NSF 项目研究计划的知识图谱对掌握某一研究领域所关注的重点具有重要的价值。

2011—2019 年共有 156 项与物流相关的研究计划，体现了物流研究的跨学科性，其中数量前十的研究计划如表 2-2 和表 2-3 所示。

表 2-2　　　　　　2011—2019 年 NSF 物流项目数量前十的研究计划

项目名称	数量（项）	简介
校企合作研究中心计划（Industry/univ Coop Res Centers）	30	致力于支持企业、大学和政府间发展长期的合作关系，强调通过综合研究和教育，进行国家基础设施方面的基础性研究工作，提升工程和科技工作者的数量，并适当支持国际合作

项目名称	数量（项）	简介
运营工程计划（Operations Engineering）	22	支持对改进复杂决策驱动环境中运营的高级分析方法进行基础研究，分析方法包括但不限于确定性和随机建模、优化、决策和风险分析，数据科学和模拟。鼓励开展可能对工程应用产生重大影响问题的方法论研究。特别重视跨学科的研究，利用专业知识开展定量分析
高等技术教育计划（Advanced Tech Education Prog）	18	侧重于驱动国家经济的高科技领域的技术人员教育，涉及学术机构（7～12年级，高等教育机构）与行业之间的合作伙伴关系，以促进改善大学本科和中等院校水平的科学和工程技术人员的教育
小企业第一阶段计划（Small Business Phase I）	18	致力于促进小企业个体的技术创新，增强研究成果的商业应用，同时鼓励效益不好或女性创办的小企业参与研究，主题包括教育技术与应用、信息技术、半导体和光子、网络设备和材料、电子硬件机器人和无线技术、先进制造和纳米技术等
制造业系统计划（Manufacturing Enterprise Systems）	16	支持制造业营运的设计、规划和控制，特别支持供应链优化和管理、产品规划和调度、制造过程检测与控制、维护保养等（目前该研究计划已经结束）
运营研究计划（Operations Research）	13	支持适用于制造、服务或其他复杂系统的决策优化或近似优化的创新性数学模型、分析和算法基础研究，传统研究领域包括离散和连续优化，以及随机建模和分析，新的研究领域包括可观测、学习和适应变化环境的模拟优化和自优化系统
计算研究基础结构计划（Computing Res Infrastructure）	11	支持研究基础结构的获取、开发、增强和操作，从而在信息科学与工程支持的所有计算领域中进行发现、学习和创新
服务业系统计划（Service Enterprise Systems）	11	该计划支持提高服务业整体效益、减少费用的与决策相关的设计、规划和商业运营（目前该研究计划已经结束）
授予校企联络机会计划（Grant Opp for Acad Lia w/Indus）	10	该计划的目的是通过设立项目基金或奖学金促进校企合作，特别支持教师、科研人员和学生在企业环境中开展研究，企业科学家和工程师从企业的视角将综合技术引入大学开展研究，同时也支持校企综合团队开展项目研究
创新企业计划（I-Corps）	10	目的是使科学家和工程师们将重点放在大学实验室之外，并加速NSF资助的基础研究项目产生经济效益和社会效益，使项目向商业化迈进

表2-3　　　　　2011—2019年NSF物流项目数量前十的研究计划对比

"十二五"时期		"十三五"时期	
项目名称	数量（项）	项目名称	数量（项）
校企合作研究中心计划	16	运营工程计划	17
制造业系统计划	15	校企合作研究中心计划	14

"十二五"时期		"十三五"时期	
项目名称	数量（项）	项目名称	数量（项）
运营研究计划	13	特殊激励计划	10
高等技术教育计划	11	小企业第一阶段计划	9
服务业系统计划	9	高等技术教育计划	7
小企业第一阶段计划	9	创新企业计划	7
授予校企联络机会计划	8	最强智能计划	7
环境可持续性计划	7	计算研究基础结构计划	5
小企业第二阶段计划	7	小型企业技术转让第一阶段计划	5
算法基础计划	6	安全可靠的网络空间计划	4

图 2-1 展示了物流项目研究计划的可视化网络，图标越大说明该计划所含项目数量越多、在物流领域所占地位越重要，图标之间的连线说明了研究计划之间的共现关系，形成的网络在一定程度上可以体现不同研究计划的合作关系。2011—2019 年，美国 NSF 项目资助体现在以下方面。

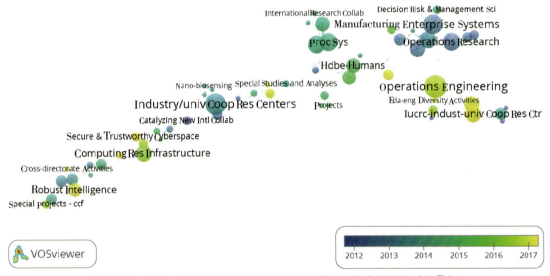

图 2-1　2011—2019 年 NSF 物流项目研究计划可视化网络和时间叠加
注：此图由软件自动生成，部分单词显示不全。

（1）更加关注物流研究的合作性、应用性和实用性，体现了其应用性学科的特性。物流相关的研究计划（项目数大于 10）中，校企合作研究中心计划（Industry/univ Coop Res Centers）、授予校企联络机会计划（Grant Opp for Acad Lia w/Indus）、运营工程计划（Operations Engineering）、信息技术研究计划（Information Technology Research）与其他计划间的网络关联较为活跃，分别涉及 7 个其他研究计划。

（2）服务业和制造业联动发展仍然是 NSF 关注的重点之一。制造业系统计划、服务业系统计划项目分别为 16 项和 11 项，与其他计划间的网络关联也相对活跃。

（3）跨学科研究特征明显，聚焦计算机技术在物流领域的应用，涉及人工智能算法、大数据、云计算等基础性研究，还包括软件、硬件实现以及网络技术及系统，对物流发展起着至关重要的作用。2016—2019 年 NSF 资助的热点由较为基础的计算机技术转向运营工程计划、最强智能计划、安全可靠的网络空间计划等高级计算机技术领域。

（4）2011—2019 年，NSF 保持对高等技术教育计划类项目的资助，注重驱动国家经济的物流等高科技领域的技术人员教育。

（5）2011—2019 年，NSF 逐步加强对物流企业的资助力度，涉及的研究计划有校企合作研究中心计划、小企业第一阶段计划、创新企业计划、小型企业技术转让第一阶段计划。

2.1.1.3　NSF 物流项目研究主题词

通过 VOSviewer 提取 2017—2019 年 NSF 资助的物流项目题名和摘要中的主题词，然后进行聚类分析。2017—2019 年 NSF 物流项目研究主题分布如图 2-2 所示。高频主题词自身可代表某一领域研究频次较多的背景、方法或对象，而基于高频主题词之间的关系强弱形成的聚类则可以表示该领域的主流研究分支。研究分支内部主题词关系较强，研究分支之间主题词关系较弱。

VOSviewer 聚类算法主要识别出 5 个聚类。通过对每个聚类内部关键词分析，可将 5 个聚类的研究内容总结如下。

（1）智能物流算法与供应链优化研究，主要包括优化算法、不确定情况下的决策、模拟建模等基础研究，以及计算机技术、物联网技术、自动化技术、机器人等在物流领域的应用研究。

（2）物流业与制造业协同发展研究，主要研究物流业与制造业协同发展、协同平台建设、知识融合、合作关系和信息交换等技术问题。

（3）物流教育研究，主要包括物流研究与教育中心、网络基础设施和平台构建、研究体系评估、人才队伍培养、相关技术支持、培训资源等内容。

（4）物流业的社会影响研究，主要涉及物流生态系统、物流业各利益攸关方的影响、社交网络和社交媒体对物流的影响、自然灾害对物流的影响、食品安全、供应链风险追溯、绿色物流等。

（5）物流服务能力和市场研究，主要研究物流服务能力、物流市场、用户、商业潜力、物流数据监测等问题，以提高物流服务效率，降低成本，提高企业利润，增强物流业竞争力。

此外，聚类结果还为研究热点的识别提供了一定的参考。一方面，就 5 个聚类而言，智能物流算法与供应链优化研究、物流业与制造业协同发展研究、物流教育研究 3 个聚类包含的关键词较多，表明这三个方向的研究成果较为丰富，是物流领域三大研究热点；另一方面，VOSviewer 还能从整体网络结构及关系权重中识别研究热点，在图 2-2 中，除了供应链、物流以外，建模、算法、优化、协同、教育、管理、市场、食品、能源等关键词图标大、出现频次高，

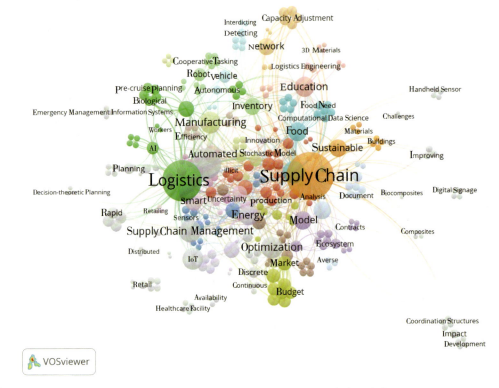

图 2 - 2　2017—2019 年 NSF 物流项目研究主题分布

注：此图由软件自动生成，部分单词显示不全。

且在整个网络中处于中心位置，属于各主题群中的研究热点。

2.1.1.4　小结

NSF 物流项目经历了从过去关注制造业与服务业联动发展，到近年来重点关注人工智能、信息技术的应用，再到关注物流对社会发展影响的时间演变过程。采用 VOSviewer 软件对 NSF 物流项目分别绘制研究计划和主题词聚类的知识图谱，能够客观反映 2011—2019 年美国物流研究整体状况。基于 VOSviewer 的 NSF 资助物流项目研究计划分析，在一定程度印证了 2011—2019 年美国物流研究聚焦在校企合作、运营工程、高等技术教育、小企业、制造业系统、运营研究等重点领域。另外，通过 VOSviewer 软件对 NSF 物流项目主题词进行聚类，发现智能物流算法与供应链优化研究、物流业与制造业协同发展研究、物流教育研究等是近年来美国物流领域研究的热点主题。

2.1.2　国内基金项目视角下的物流科学研究现状分析

作为中国物流科学研究的重要载体之一，基金项目具有引导中国物流科学研究方向和前沿热点的重要意义。本节通过对"十二五""十三五"期间的国家自然科学基金、国家社会科学基金、教育部人文社科基金三大基金项目中物流类项目的全面梳理和认真总结，对中国物流科学研究现状和发展脉络进行分析与阐述。

2.1.2.1　三大基金物流类立项情况

2011—2019 年，三大基金物流类立项课题总数呈波动式增长趋势（见表 2-4），2012 年和 2017 年均出现较为明显的下降，2018 年立项数量回升，2019 年达到最多。2019 年三大基金物流类立项课题 222 项，比上年增长 10.4%。其中，国家自然科学基金、国家社会科学基金、教育部人文社科基金物流类立项课题分别为 135 项、38 项和 49 项，比上年分别增加 7.1%、26.7% 和 8.9%。

表2-4　　　　　　　　2011—2019 年三大基金物流类立项课题数量　　　　　　　单位：项

基金项目	年份									合计
	2011	2012	2013	2014	2015	2016	2017	2018	2019	
国家自然科学基金	95	91	104	109	128	136	108	126	135	1032
国家社会科学基金	18	13	27	14	19	25	22	30	38	206
教育部人文社科基金	58	55	34	39	45	38	39	45	49	402
总计	171	159	165	162	192	199	169	201	222	1640

从资助领域的角度划分，三大基金物流项目可以分为管理类、工程类、经济类以及交叉学科类。划分的主要依据是研究方法。管理类主要使用案例研究、机制设计、对策研究等方法；工程类主要使用运筹学、仿真与优化等方法；经济类则从物流经济的角度进行分析。

如表 2-5 所示，2011—2019 年的国家自然科学基金物流项目中，属于管理类和工程类的项目分别为 371 项和 520 项，分别占立项总数的 35.9% 和 50.4%，说明国家自然科学基金物流项目更突出模拟、试验和模型研究，更系统运用自然科学方法去探索物流。在国家社会科学基金物流项目中，属于管理类和经济类的项目数量分别为 135 项和 60 项，分别占立项总数的 65.5% 和 29.1%。2011—2019 年教育部人文社科基金物流项目中，属于管理类的项目数量为 288 项，占立项总数的 71.6%。可见，国家社会科学基金和教育部人文社科基金项目偏重经验、质性、干预、定量研究，多从经济学和管理学的视角，运用社会科学方法去发掘物流发展规律。三大基金物流项目各有擅长和特点，共同关注物流发展规律和产业改革路径，为物流发展提供基础研究支持。

表2-5　　　　　2011—2019 年按资助领域划分的三大基金物流项目数量　　　　单位：项

资助领域	国家自然科学基金项目	国家社会科学基金项目	教育部人文社科基金项目	总计
管理类	371	135	288	794
交叉学科/综合研究	79	11	73	163
经济类	62	60	41	163
工程类	520	0	0	520
合计	1032	206	402	1640

此外，随着物流研究的发展，学科融合趋势也越来越明显，很多研究很难界定它所属的具

体学科领域。2011—2019 年，属于交叉学科/综合研究的物流项目有 163 项，占立项总数的 9.9%，并且呈逐年增加的趋势。可以预见，未来，从信息科学、数理科学、地球科学和生命科学的角度，利用该学科领域的理论和技术来解决物流问题具有较大的潜力。

2.1.2.2 基于国家自然科学基金项目的物流科学研究进展

1981 年设立的国家自然科学基金对于推动中国基础科学、技术科学以及交叉科学研究，培养具有良好科研素质和较高创新能力的高层次人才，发挥着日益重要的作用。国家自然科学基金各类项目除了资助自然科学领域的前沿课题外，对于具有综合性和交叉性的物流领域也给予了极大关注。

本节以 2011—2019 年国家自然科学基金中的 1032 项物流项目为分析对象，一方面，对包括项目数量、项目负责人依托机构及所在区域的研究结构特征进行分析，了解该领域的总体资助格局、核心研究主体和空间分布；另一方面，基于项目自身所带的关键词，辅以人工标注，利用词频统计方法，在知识单元和知识关联的层面对项目关键词进行研究，展示和挖掘物流领域的研究热点和主题领域。

1. 总体资助格局

2011—2019 年国家自然科学基金物流项目共有 1032 项（见表 2-5），占三大基金物流项目总数的 62.9%，表明中国高水平物流研究主要以国家自然科学基金资助为主。2011—2019 年，国家自然科学基金物流项目呈现出增长态势，1032 项国家自然科学基金物流项目的资助总额共计 47582.9 万元，平均单项资助金额为 46.1 万元（见表 2-6）。

从立项数量看，2016 年国家自然科学基金物流项目共计 138 项，为历年来最高，占近十年物流立项总数的 13.4%。从资助金额和资助强度看，2013 年国家自然科学基金物流项目的资助总额和平均每项资助金额均达到历史最高，分别是 8006.6 万元和 77.0 万元/项。与 2016 年相比尽管立项数、资助金额和平均每项资助金额在 2017 年均有所下滑，但在 2019 年，资助强度逐步回升至 45.0 万元/项，说明物流研究的受重视程度并未受到影响。与"十二五"时期物流项目资助情况相比，"十三五"期间物流项目资助强度明显降低，为 40.9 万元/项，下降了 20.0%（见表 2-6）。

表 2-6　　　　　　　　2011—2019 年国家自然科学基金物流项目资助情况

项目情况	"十二五"时期					合计	"十三五"时期				合计
	2011 年	2012 年	2013 年	2014 年	2015 年		2016 年	2017 年	2018 年	2019 年	
立项数（项）	95	91	104	109	128	527	138	109	126	135	505
资助金额（万元）	3812.8	3962.8	8006.6	5495.7	5572.0	26928.9	5694.3	3576.5	5333.8	6074.5	20654.0
平均每项资助（万元）	40.1	43.6	77.0	50.4	43.5	51.1	41.3	32.8	42.3	45.0	40.9

从申请代码角度，对 2011—2019 年的 1032 项国家自然科学基金物流项目进行统计分析，如表 2－7 所示，2011—2019 年立项数量最多的是管理科学部，资助项目多为基础研究，涉及管理科学与工程（502 项）、工商管理（350 项）、经济科学（62 项）和宏观管理与政策（21 项）。其中，管理科学与工程的资助金额和平均每项资助金额最高，分别为 25588 万元和 51.0 万元/项，重点研究决策理论与方法、优化理论与方法、管理系统工程、工业工程与管理、物流与供应链理论、风险管控与评价、博弈理论与方法等。工商管理的资助金额和平均每项资助金额分别以 14333 万元和 41.0 万元/项排名第二，重点研究企业信息管理、电子商务、运营管理与项目管理等领域。在经济科学方面，主要涉及博弈论与信息经济、计量经济与经济计算、经济发展与贸易等领域。宏观管理与政策领域的立项数量和资助金额较少，可见，物流宏观管理与政策领域的研究还处在规模较小、比例偏低的水平。此外，除了宏观管理与政策，"十三五"时期管理科学与工程、工商管理和经济科学的物流项目资助强度均有不同程度的下降，降幅分别为 25.6%、17.5% 和 43.4%。

以互联网为核心的信息通信快速发展和广泛应用，对现有物流与供应链理论和体系产生较大影响，但同时也为探索物流企业管理实践提供了丰富的研究主题，为学界构建具有中国本土特色的物流与供应链理论提供了难得的机遇。信息科学领域的物流项目有 50 项主要涉及自动化、计算机科学、人工智能等领域。属于数理科学、生命科学、地球科学、工程与材料科学的物流项目共有 46 项，重点研究供应链排序、模型构建以及运输过程的车辆路径、算法、调度等问题，主要布局在地理学、数学以及机械工程等领域。

值得注意的是，与"十二五"时期物流项目资助情况相比，"十三五"时期物流项目资助强度明显降低，但地理学、计算机科学领域资助强度分别提升 87.0% 和 45.0%；且在力学、农学基础与作物学、食品科学、环境地球学、工程热物理与能源利用、建筑环境与结构工程、水利科学与海洋工程、电子学与信息系统、人工智能、交叉学科中的信息科学、宏观管理与政策、电子信息领域新增物流类资助项目，说明国家对跨学科的物流项目研究重视程度增加，特别是地理学、计算机科学。

表 2－7　　　　2011—2019 年国家自然科学基金物流项目申请代码统计

申请代码		立项数（项）	资助金额（万元）	平均每项资助金额（万元）		
				"十二五"时期	"十三五"时期	平均
A 数理科学部	A01 数学	10	359	42.8	31.3	35.9
	A02 力学	1	22	0.0	22.0	22.0
C 生命科学部	C13 农学基础与作物学	2	118	0.0	59.0	59.0
	C20 食品科学	1	40	0.0	40.0	40.0

申请代码		立项数（项）	资助金额（万元）	平均每项资助金额（万元）		
				"十二五"时期	"十三五"时期	平均
D 地球科学部	D01 地理学	13	826	47.6	89.0	63.5
	D07 环境地球学	1	61	0.0	61.0	61.0
E 工程与材料科学部	E04 冶金与矿业	4	260	80.0	60.0	65.0
	E05 机械工程	8	336	42.7	41.6	42.0
	E06 工程热物理与能源利用	1	55	0.0	55.0	55.0
	E08 建筑环境与结构工程	3	94	0.0	31.3	31.3
	E09 水利科学与海洋工程	2	121	0.0	60.5	60.5
F 信息科学部	F01 电子学与信息系统	2	99	0.0	49.5	49.5
	F02 计算机科学	12	794	52.4	76.0	66.2
	F03 自动化	32	1230	44.0	34.1	38.4
	F06 人工智能	3	145	0.0	48.3	48.3
	F07 交叉学科中的信息科学	1	50	0.0	50.0	50.0
G 管理科学部	G01 管理科学与工程	502	25588	58.3	43.4	51.0
	G02 工商管理	350	14333	44.5	36.7	41.0
	G03 经济科学	62	2249	41.5	23.5	36.3
	G04 宏观管理与政策	21	757	0.0	36.0	36.0
L 联合基金领域	L05 电子信息领域	1	46	0.0	46.0	46.0

2. 依托机构及区域分布分析

2011—2019 年国家自然科学基金物流项目涉及高等院校、中国科学院系统以及中国社会科学院等不同性质的依托机构。256 所高等院校共承担了 1018 项，占比 98.6%，资助金额 45166.9 万元，占比 94.9%，是物流基金项目研究的主力军。

统计项目依托机构所在的省、自治区、直辖市，可了解物流学术研究的空间分布。1032 项国家自然科学基金物流项目的依托机构分布在 30 个省、自治区、直辖市（见表 2 - 8）。国家自然科学基金物流立项主要受区域发展不平衡性制约，北京以 132 项（资助金额 8621.4 万元）高居榜首，紧跟其后的上海（97 项，4604.1 万元）、江苏（107 项，4596.2 万元）也是项目产出的重要区域。获得资助项目的不平衡性也表现在人才聚集差异上，北京、上海、江苏从事物流领域研究的人才众多，依托机构也多。北京市、江苏省 2011—2019 年获得资助的项目中，依托机构分别有 33 个和 31 个。

物流项目立项数较少的地区则主要分布于经济欠发达、科研实力较薄弱、物流人才聚集度严重不足的西部地区和边远地区。此外，2011—2019 年，西藏没有获得物流领域的立项资助。

中国西部地区地广人稀，商品流通及铁路、公路等基础经济设施相对落后，但西部地区以独特的资源优势、产业特色和区位优势，物流需求及物流发展空间潜力巨大。加快推进物流大通道建设，促进多式联运加快发展，完善基础设施建设，加大物流服务渗透，不断优化供应链，将推动物流业整体效率的提升。而物流与供应链管理是非常重要的问题。建议国家自然科学基金主管机构在统一协调项目研究力量和项目分布时，可适当加大对西部地区的资源倾斜，加大基金资助强度，扩大覆盖面；教育、财政等部门也应采取有力措施，加强对这些地区高等院校科研资源和学科建设的倾斜和扶持，培养和扶植欠发达地区科技人员开展创新性科学研究，以稳定和凝聚地区优秀人才。

表2-8　　　　　　　2011—2019年国家自然科学基金物流项目分布

序号	省/自治区/直辖市	立项数（项）	资助金额（万元）	序号	省/自治区/直辖市	立项数（项）	资助金额（万元）
1	北京	132	8621.4	16	江西	27	820.9
2	上海	97	4604.1	17	福建	17	592.3
3	江苏	107	4596.2	18	河南	15	466.0
4	辽宁	68	4471.8	19	黑龙江	13	452.3
5	广东	80	3718.6	20	甘肃	10	347.0
6	湖北	60	3223.4	21	广西	10	330.5
7	安徽	47	2901.8	22	内蒙古	8	235.0
8	浙江	53	2157.6	23	海南	7	218.0
9	四川	57	2031.8	24	贵州	5	154.8
10	湖南	43	1664.0	25	河北	5	153.0
11	天津	39	1406.5	26	山西	5	139.4
12	山东	29	1085.5	27	新疆	4	139.0
13	陕西	31	1069.4	28	宁夏	1	29.0
14	重庆	33	1046.0	29	青海	1	20.0
15	云南	27	868.7	30	吉林	1	19.0

3. 基于词频分析法的物流学术研究热点

将2017—2019年国家自然科学基金中370项物流项目的975个关键词进行分类汇总，对部分同义词进行合并处理（如策略和决策合并为决策；建模和模型合并为建模；电子商务和电商合并为电商）。最后，按照关键词频次降序排列，选择出现频次超过10次的关键词作为高频关键词，得到近三年的高频关键词（见表2-9）。

通过VOSviewer提取2017—2019年国家自然科学基金物流项目题名中的主题词，然后进行聚类分析，结果如图2-3所示。

近三年来，国家自然科学基金物流项目研究涉及物流与供应链管理的多个方面，表现较为突出的是以下几点。

（1）科技为城市物流赋能提速。

2017—2019年，以城市物流为研究对象的立项共有12项。城市物流以城市为依托，在服务

表 2-9　　　　2017—2019 年国家自然科学基金物流项目高频（≥10 次）关键词

序号	关键词	词频（次）	序号	关键词	词频（次）
1	供应链	124	22	供应链优化	13
2	决策	80	23	可持续	13
3	运输	34	24	合作	13
4	建模	30	25	电商	13
5	物流	28	26	不确定	12
6	机制	27	27	供应链网络	12
7	动态	22	28	控制	12
8	风险	21	29	服务	12
9	库存	20	30	模式	12
10	企业	18	31	生产	12
11	调度	18	32	质量	12
12	供应链决策	17	33	供应链管理	11
13	供应链协调	17	34	城市物流	11
14	绿色	17	35	库存决策	11
15	优化	16	36	供应链金融	10
16	定价	16	37	库存管理	10
17	协调	15	38	演化	10
18	数据驱动	15	39	管理	10
19	配送	15	40	约束	10
20	共享	14	41	供应链减排	10
21	路径	14			

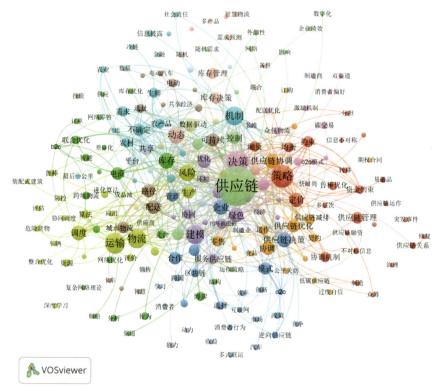

图 2-3　2017—2019 年国家自然科学基金物流项目研究主题分布

城市内部经济系统的同时联系城市与外部区域。由于城市物流的重要作用及其与其他物流形式的显著区别，城市物流已日渐成为物流研究的热点。

随着物流业成为国家经济发展的支柱性产业，物流也已成为一个城市发展的核心基础设施。为了让城市与物流业协同发展、共同进步，未来城市的智能物流规划将受到多方关注。从分析结果来看，近年来，基于物联网的城市物流平台建设、数据网络建设、配送路径优化、城际仓储选址及大数据等热门技术在物流领域的应用，以及城市物流的空间重构、环境效应等问题已成为项目研究的热点；对于共享终端配送、动态配送等前沿技术也已有涉及。此外，无人配送技术及其面临的阻碍研究等是未来城市物流研究的重要方向。

（2）供应链风险与应急管理竞争加剧。

2017—2019 年，以供应链风险与应急管理为研究对象的立项共有 35 项。信息技术的迅猛发展加剧了市场的激烈竞争。随着我国企业在国际市场的参与程度不断加深、用户需求越来越多样，企业面临的不确定性也越来越复杂，如需求不确定、信息不对称、产出不确定、不确定提前期以及供应不确定等。特别需要关注是，一些重大事件（如生产事故、自然灾害、恐怖袭击等）的发生给企业的供应链管理造成巨大影响。因此，近年来企业不仅仅追求自己利润的最大化，而且注重企业获得预期利润的可能性以及所面临的各种风险。不难理解，供应链风险与应急管理成为近些年物流领域的热点研究方向。

（3）绿色物流将成为重要研究方向。

2017—2019 年，以绿色物流为研究对象的立项共有 25 项。绿色物流的概念已提出多年，融合了物流管理理论与生态学、环境学、经济学等多个学科的相关理论，但至今尚未形成统一定义。《中华人民共和国国家标准物流术语》（GB/T 18354—2001）对绿色物流的定义是，在物流过程中抑制物流对环境造成危害的同时，实现对物流环境的净化，使物流资源得到最充分利用。绿色物流突破了传统物流系统对生态环境的单向负面作用，通过将环境管理理念引入物流的仓储、运输、包装、装卸搬运等多个环节，兼顾物流效率、经济效益与环境效益，构建低碳节能、可持续发展的绿色物流体系，实现物流系统与生态环境系统的友好交互。绿色物流贯穿供应链的所有环节，包括从供应商采购、生产到物流过程中的仓储、包装、运输、流通加工，再到零售商销售给最终客户，最终到废弃物回收逆向物流的全过程。

目前，绿色物流理念尚未普及，绿色物流发展仍然面临制度缺失、基础设施不完善、标准化程度低、相关专业人才缺乏等诸多问题，围绕绿色物流开展相关研究具有非常重要的理论与现实意义。由于绿色物流的意义重大，正日渐成为物流研究的重要方向。

（4）运输和库存仍保持较高研究热度。

2017—2019 年，以运输和库存为研究对象的立项数量分别为 32 项和 48 项。从分析结果来看，近年来，基于数据驱动的运输决策、选址、路径优化，面向运输协同调度问题的模型与算法研究，数字化运输平台等信息技术及大数据等热门技术加速了物流运输的智慧化、自动化、数字化；此外，对于大件货物运输过程的精准调控、绿色运输、动态调度、跨境运输等领域也有涉及。而关于库存，基金项目从多视角研究了库存决策与优化，主要涉及不确定环境、不同需求、融资约束、数据驱动、共享经济、二次配送、网络零售、低碳、社会网络互动、闪购模式、新零售模式等不同背景，以及随机库存、实时库存、动态库存、线上与线下联合优化库存等方面。

（5）物流调度研究逐渐完善。

2017—2019 年，以调度为研究对象的立项共有 19 项。物流调度研究逐渐完善，考虑了生产、运输、配送、仓储等不同环节，应用了风险评价、鲁棒优化、博弈论等多种理论方法，同时涉及绿色物流调度、共享终端配送调度、在线调度、及时配送调度等多方面。

2.1.3 中国物流学会、中国物流与采购联合会研究课题视角下的国内物流科学研究现状分析

中国物流学会、中国物流与采购联合会研究课题设立的目的是为热衷于物流学术理论研究的各界人士提供一个新的平台，发挥学会既有优势，整合社会研究力量，协调和引导研究方向，推进学术理论创新，促进产学研相结合。本节从课题发展趋势、主题词的角度，分析总结"十二五"和"十三五"期间中国物流学会、中国物流与采购联合会研究课题视角下的国内物流科学研究现状。

2.1.3.1 中国物流学会、中国物流与采购联合会研究课题基本呈增长趋势

自 2006 年设立研究课题以来，已完成 2497 项研究课题，其中 1319 项获奖。部分成果被有关政府部门、行业或企业采纳，取得了明显的社会效益和经济效益。表 2 – 10 列出 2011—2020 年中国物流学会、中国物流与采购联合会研究课题计划和结题情况统计。

表 2 – 10　2011—2020 年中国物流学会、中国物流与采购联合会研究课题计划和结题情况

年份	2011 年	2012 年	2013 年	2014 年	2015 年	2016 年	2017 年	2018 年	2019 年	2020 年
计划课题数（项）	208	227	267	278	277	289	240	280	276	275
当年完成课题数（项）	198	182	247	229	197	241	210	247	243	—

数据来源：中国物流学会。

从表 2 – 10 中可以看出，2013 年之后计划研究课题数量基本保持在平稳状态，只有 2017 年比上年下降了 17%；2017 年之后计划课题数量显著回升，原因可能是 2017 年 10 月，国务院出台《国务院办公厅关于积极推进供应链创新与应用的指导意见》，在学术界掀起新一轮物流研究热潮，我国供应链创新与应用发展进入加速提升阶段。与"十二五"时期研究课题情况相

比，"十三五"时期计划课题数量为1360项，增加了8.2%；每年平均（2016—2019年）结题课题占比86.7%，提高了2.9%。

2019年，276项计划课题的依托机构分布在23个省、自治区、直辖市（见表2－11）。江苏以40项课题高居榜首，北京（32项）、浙江（26项）、湖南（23项）、山东（21项）紧随其后。此外，西藏、新疆、青海、山西、贵州、广西等8个省/自治区没有获得研究课题立项。

表2－11 2019年中国物流学会、中国物流与采购联合会计划课题依托机构区域分布

序号	省/自治区/直辖市	立项数（项）	序号	省/自治区/直辖市	立项数（项）
1	江苏	40	13	天津	8
2	北京	32	14	福建	7
3	浙江	26	15	陕西	6
4	湖南	23	16	云南	6
5	山东	21	17	安徽	5
6	广东	18	18	河北	3
7	湖北	17	19	河南	3
8	重庆	16	20	吉林	2
9	黑龙江	11	21	甘肃	1
10	辽宁	11	22	江西	1
11	四川	10	23	内蒙古	1
12	上海	8			

2.1.3.2 主题词统计

按照立项课题的研究主题和研究目标来划分，中国物流学会、中国物流与采购联合会的研究课题可以分为16个主题（见表2－12）。2011—2020年研究课题中，以农产品物流、药品物流、汽车物流、钢材物流为代表的专项物流课题最多，共有357项，表明专项物流服务发展空间巨大。区域物流相关研究项目共有337项，对于优化区域资源配置和提高区域竞争力有重要作用。供应链管理、供应链网络、供应链运营、供应链金融与风险防控、闭环供应链、绿色供应链、供应链平台等供应链领域的研究课题286项，表明供应链创新与应用研究受重视。以上3个领域是近10年以来中国物流学术研究的重点领域。同时，在立项课题中也呈现出多个研究主题相交叉的特点。

与"十二五"时期相比，"十三五"时期立项的课题关于电子商务、智慧物流、物流金融、冷链物流等主题的研究增长趋势明显，分别增加114.8%、109.3%、56.7%、53.1%，供应链（36.4%）、专项物流（25.9%）、区域物流（24.7%）也有不小的增幅；而关于第三方物流和港口物流的研究课题数量显著减少，分别降低了58.1%和43.4%。

表 2 - 12 　　　　　　　　2011—2020 年按研究主题划分的中国物流学会研究课题数量

研究内容	项目数量（项）										总计
	"十二五"时期					"十三五"时期					
	2011 年	2012 年	2013 年	2014 年	2015 年	2016 年	2017 年	2018 年	2019 年	2020 年	
专项物流	21	23	36	37	41	36	34	29	45	55	357
区域物流	26	26	35	30	33	53	43	34	30	27	337
供应链	19	26	35	20	21	17	16	43	41	48	286
物流企业	13	36	32	20	27	34	13	16	26	28	245
智慧物流	7	7	25	20	16	54	31	19	23	30	232
电子商务	5	5	10	22	19	34	35	22	19	21	192
军事物流	14	14	19	18	18	21	19	14	21	11	169
人才培养	9	3	22	17	25	20	14	6	23	26	165
冷链物流	7	9	10	10	13	22	16	15	9	13	124
绿色物流	13	18	10	12	2	8	18	12	8	21	122
应急物流	7	13	11	10	3	3	8	7	9	18	89
港口物流	9	11	13	9	11	10	3	5	8	4	83
物流金融	3	5	5	7	10	9	11	9	14	4	77
物流园区	6	5	5	10	12	13	6	7	4	5	73
逆向物流	2	4	18	4	3	6	3	5	1	1	52
第三方物流	10	2	9	7	3	2	3	2	5	1	44

经过 30 多年高速发展，中国物流业正在进入转型升级的重要发展阶段。中国工业化、信息化、城镇化、市场化、国际化深入发展，物流业面临新的机遇和挑战。物流实践的发展，为学术理论研究提出了新的课题。2011—2020 年中国物流学会研究课题可视化网络和时间叠加图如图 2 - 4 所示，结合表 2 - 12 数据可看出，"十三五"期间中国物流学会研究课题突出表现在以下几方面。

1. 智慧物流不断升级，研究更加深入

智慧物流作为现代物流发展的一个重要方向，对于推动物流业降本增效、促进物流高质量发展具有重要意义。近年来，随着信息技术、物联网、人工智能等技术的发展，以及新零售、智能制造等领域对物流的更高要求，智慧物流市场规模正在持续扩大。国务院、国家发展改革委等部门出台多项促进物流业降本增效的政策与发展意见，大力推动了物流相关创新领域的活力，推动着智慧物流行业的发展。以 2019 年为例，国家发展改革委等部门联合发布《关于推动物流高质量发展促进形成强大国内市场的意见》，鼓励物流和供应链企业开发面向加工制造企业的物流大数据、云计算产品，提高数据服务能力；鼓励有条件的乡村建设智慧物流配送中心；鼓励建设和推广应用智能快（邮）件箱。

"十三五"期间的 1360 项立项课题中，157 项课题与智慧物流直接相关，主要涉及智能化转型升级路径，基于智慧物流技术的仓储、配送、调度，智慧物流信息平台建设、智慧工厂、智慧物流园区等相关领域应用；相关技术研究纵深发展，如北斗卫星导航系统、区块链、人工智能、物联网、传感云、面向 5G 的车联网技术等在物流行业的应用研究；还包括智慧物流创新人才培养项目等。

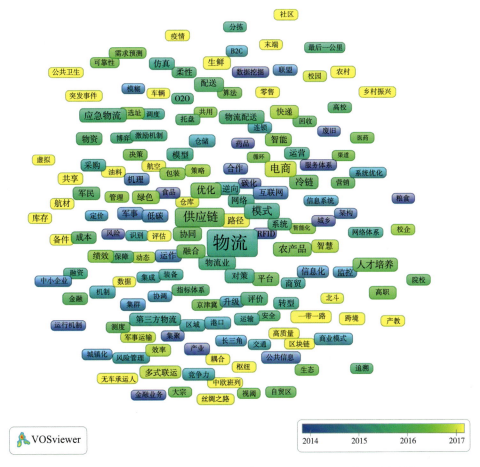

图 2-4 2011—2020 年中国物流学会研究课题可视化网络和时间叠加

2. 电子商务物流迈入新阶段，发展环境不断完善

中国电子商务起步较晚，但是庞大的消费群体和成熟的互联网技术正在成为中国电子商务爆发式增长的最强动力。

"十三五"期间的 1360 项立项课题中，131 项涉及电子商务物流，其中 35 项涉及跨境电商物流模式、海外仓建设、供应链品牌化机制、国际物流企业、商品追溯、困境及对策、跨境物流协同发展及人才培养研究；39 项涉及农村电商物流体系建设，农产品物流模式优化，农产品配送、选址、供应链订货、定价和库存策略等；其他课题有前置仓、云仓选址与配送路径优化，运营优化，以及配送站分拣流程仿真研究。显然，传统的"无物流不电商"的局面正在改变，电商对物流网络各环节的影响正改变物流的运作方式。在实际运作过程中，人们利用电子商务进行信息传递，促进物流基础设施、物流技术和管理水平的提高。

3. 绿色物流是当今发展的主流，但仍处于起步阶段

目前绿色产品生产和绿色消费意识已得到企业和公众的普遍认可，但绿色物流却未能引起更多人的重视。中国物流业起步本身较晚，目前绿色物流也处于起步阶段，企业对现代绿色物流的认识比较有限，对绿色物流的重要性的认识更是远远不够。中国已经成为网络购物最发达的国家，建立健全的绿色物流体系刻不容缓。接下来要改善包装、流通加工、运输、废弃物管理、旧产品的回收与利用等。

"十三五"期间的 1360 项立项课题中，绿色物流相关课题 67 项，内容涉及绿色供应链、绿色生鲜冷链、绿色生态系统、绿色快递、汽车物流绿色化、绿色物流的绩效评价、循环经济的绿色物流、绿色逆向物流及战略研究等，研究内容相对分散，对于绿色物流中的供应商、流通加工、仓储、消费等环节少有涉及，但已见绿色逆向物流、回收物流模式与实现路径的相关研究。此外，现代绿色物流管理人才供不应求，探索培养模式和技能培养路径，促使更多人了解绿色物流，快速培养专业人才，是绿色物流体系工作中的重中之重。

4. 推进供给侧结构性改革，培育物流业发展新动能

供给侧结构性改革是适应和引领经济新常态的必然要求。物流业作为社会经济发展的基础性、战略性产业，是供给侧结构性改革的重点，其关键任务在于增加有效供给引领需求、淘汰无效供给调整结构、降本提效提高物流企业综合实力。具体到物流企业层面，就是要基于国家对物流业的全方位布局，提升自身服务质量，提高企业效率，有效降低成本。不同类型和规模的物流企业应切实根据自身特性和资源，找准定位，选择适宜的发展方式和路径。

"十三五"期间的 1360 项立项课题中，有 117 项课题涉及物流企业运营模式、品牌建设、合作模式、管理、融资、核心竞争力等研究，21 项课题与供给侧结构性改革背景相关。

5. 民生物流是城市物流系统重要的组成部分

民生物流是指包括城市配送、快递物流、闭环供应链、医药物流等城市物流配送系统以及新型服务模式、农产品质量安全、药品生产流通秩序的物流领域，是城市物流系统重要的组成部分。民生物流研究能够为我国物流新兴领域的发展提供政策指导。

"十三五"期间的 1360 项立项课题中，有 164 项课题与民生物流相关，占总立项数的 12.1%。

2.2　基于文献计量视角的中外物流学术研究现状分析

科睿唯安（原汤森路透知识产权与科技事业部）的 Science Citation Index Expanded（SCIE）、Social Science Citation Index（SSCI）数据库涵盖了国内外物流领域的重要科研成果。本部分以 SCIE、SSCI 数据库中物流领域的论文作为数据源，运用文献计量分析工具 VOSviewer、DDA，并结合进一步的文献调研和信息挖掘，对 2005—2019 年物流领域的 16908 篇[①]文献的研究力量、研究主题等进行分析，系统地展示"十一五"时期以来中外物流领域的发展情况对比，并且着重分析中国大陆物流科技的发展情况和主要科研机构的物流科技成果，对比"十一五"时期

---

① 检索式：TS =（"logistics" or "supply chain*"）。时间跨度：2005—2019 年。数据库：SCIE，SSCI。文献类型：（ARTICLE OR REVIEW OR PROCEEDINGS PAPER）。研究方向：（ENGINEERING OR TRANSPORTATION）。检索时间：2020 年 6 月 16 日。

（2006—2010年）、"十二五"时期（2011—2015年）和2016—2019年中国大陆物流学术科技领域研究变化情况，发掘和揭示"十三五"期间物流学术研究新热点。

2.2.1 期刊论文数量分析

如图2-5所示，2005—2019年，全球物流科技领域的论文数量呈现逐步增长的趋势。2005—2007年，物流科技领域的论文数量较少，2008—2010年物流科技领域的论文数量增长平缓，但在2011年以后论文数量增长加快，2012年超过1000篇，2018年突破2000篇。2012—2015年平均每年发表论文1218.5篇，2016—2019年平均每年发表论文数量大幅增加，达2027篇。总体来看，物流科技领域的学术研究十分活跃，研究成果数量持续稳定增加。

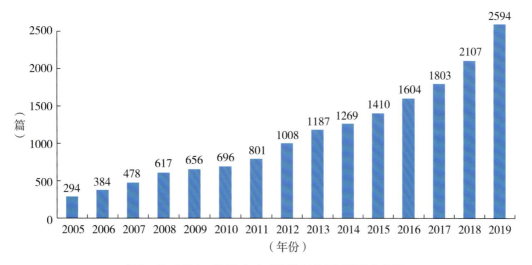

图2-5 2005—2019年全球物流科技领域的论文数量

根据图2-6，可知在2005—2010年，中国大陆物流科技领域的发文数量规模较小，2005年仅32篇，占全球发文量的10.88%，2010年中国大陆发文量占全球发文量的11.78%，这6年间发文量小幅波动缓慢增长，平均占全球发文量11%左右。2011年中国大陆发文量138篇，发文数量有较明显提升，占全球发文总量的17.23%，此后，中国大陆物流科技领域发文数量逐年提升，近三年上升趋势尤为显著，2019年中国大陆发文量达838篇，占全球发文总量32.31%。

2.2.2 研究力量分布分析

2.2.2.1 国家/地区分析

通过对不同国家/地区物流科技领域的论文产出情况进行分析，可以了解国家/地区的整体科研实力和学术影响力；通过分析国家/地区之间的合作网络，可以了解国家/地区之间的合作特征。

1. 国家/地区论文数量

从2005—2019年各个国家/地区的物流科技领域论文数量来看，论文数量TOP10的国家/地

图 2-6 2005—2019 年中国大陆物流科技领域的论文数量及其所占全球论文数量的比重

区论文总量为 15268 篇，占全球论文总量的 90.3%，而其他国家/地区的论文量（即论文数量）仅占 9.7%，表明物流科技领域的研究论文主要集中在以上这 10 个国家/地区（见表 2-13）。与其他国家/地区相比，美国和中国大陆在物流科技领域的科研实力突出。其中，美国占据绝对优势，论文数量为 4128 篇，占全球论文总量的 24.41%，且总被引频次位列第一、篇均被引频次位列第二；而中国大陆的论文量和总被引频次位列第二，但篇均被引频次仅位列第十。英国、中国台湾、伊朗、德国等国家/地区紧随其后，拥有较高的论文数量。

表 2-13   2005—2019 年全球物流科技领域论文量 TOP10 国家/地区的论文情况

国家/地区	论文		总被引		篇均被引	
	数量（篇）	排名	频次（次）	排名	频次（次）	排名
美国	4128	1	113373	1	27.46	2
中国大陆	3685	2	70969	2	19.26	10
英国	1447	3	37676	3	26.04	4
中国台湾	991	4	24555	5	24.78	5
伊朗	935	5	21252	8	22.73	8
德国	895	6	21985	7	24.56	6
印度	874	7	23100	6	26.43	3
加拿大	861	8	25130	4	29.19	1
意大利	759	9	18039	9	23.77	7
法国	693	10	15444	10	22.29	9

将表 2-13 中论文量 TOP10 国家/地区的数据转化为气泡图（见如图 2-7）。可以看出，美国无论是论文数量还是总被引频次都远远领先于其他国家/地区，篇均被引频次也处于领先地位，说明美国在物流科技领域具有很高的学术影响力；而中国大陆拥有仅次于美国的论文数量，但篇均被引频次较低，居于图中偏右下位置，说明中国大陆的物流学术研究较为活跃，但是国

际影响力还有待提高。英国论文数量、总被引频次排名第三，篇均被引频次排名第四，说明在物流科技领域具有较强的科研实力和影响力。此外，加拿大论文总量虽然位列第八，但是篇均被引频次位列第一，居于图中左上位置。

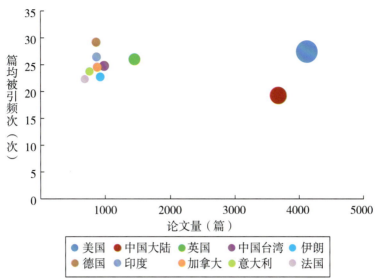

图2-7　论文量TOP10 国家/地区的论文量、篇均被引频次、总被引频次对比

注：气泡大小表示国家/地区论文的总被引频次。

2. 国家/地区合作情况

利用分析软件 DDA 和 VOSviewer，绘制物流科技领域国家/地区合作网络（见图2-8），整体看物流科技领域各个国家/地区间合作紧密，其中论文量和合作频次最高的是美国—中国大陆，二者合作论文高达 668 篇，占美国论文总量的 16.18%，占中国大陆论文总量的 18.13%；紧随其后的合作关系是中国大陆—英国（291 篇）、美国—英国（186 篇）、美国—加拿大（131 篇）、美国—韩国（131 篇）、中国大陆—加拿大（128 篇）、美国—印度（128 篇）、中国大陆—澳大利亚（117 篇）、美国—德国（103 篇）、美国—中国台湾（92 篇），从上述物流科技领域合作关系中可看出，美国、中国大陆不仅关系密切而且合作伙伴较多，构成了物流科技领域最主要的合作网络，此外，英国在合作网络中也表现突出，是具有较强合作强度的国家。

3. 主要国家/地区研究主题分布

通过对论文量TOP10 国家/地区关注的研究主题（见表2-14）进行分析，发现运筹学与管理科学、工业工程、制造工程是 TOP10 国家/地区均有所涉及且发文量较多的学科分类；计算机科学—跨领域应用在除英国、德国、意大利外的 7 个国家/地区均受关注；环境工程、环境科学在中国大陆、英国、德国、印度、意大利、法国的研究度较高；英国、德国、意大利三国关注绿色可持续科学技术学科分类；中国台湾关注电子电气工程学科分类，伊朗则关注自动化及控制系统方面。在受关注的关键词方面，可持续性（Sustainability）、优化（Optimization）、博弈论（Game Theory）、逆向物流（Reverse logistics）、再制造（Remanufacturing）等研究主题受

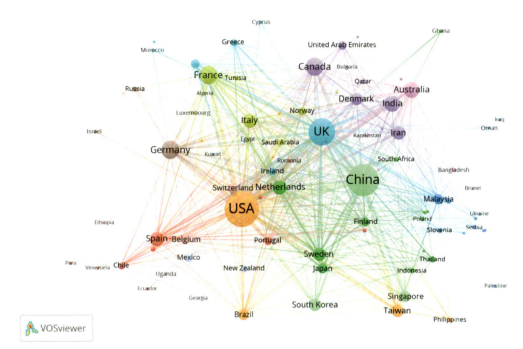

图2－8　物流科技领域国家/地区合作网络

注：网络节点表示国家/地区，连线表示国家/地区之间的合作关系，节点大小代表国家/地区与其他国家/地区总的合作强度。

到多数国家/地区关注，除了共同关注的研究主题，各个国家/地区关注侧重点不尽相同，中国大陆比较关注的主题有中国、定价、遗传算法、双通道等，一定程度上反映了不同国家/地区的研究领域与方向。

表2－14　　　　　　　　　　论文量TOP10国家/地区研究主题分布

序号	国家/地区	Web of Science 类别	颇受关注的关键词
1	美国	运筹学与管理科学（2071）、工业工程（1729）、制造工程（1687）、运输（520）、运输科学和技术（423）、计算机科学—跨领域应用（419）	Sustainability、Optimization、Game Theory、Simulation、Inventory、Remanufacturing、Reverse Logistics、Closed－Loop Supply Chain、Supply Chain Coordination、Inventory Management、RFID、Supplier Selection、Supply Chain Design、Information Sharing、Stochastic Programming
2	中国大陆	运筹学与管理科学（1592）、工业工程（1509）、制造工程（1254）、环境工程（485）、环境科学（480）、计算机科学—跨领域应用（458）	Game Theory、China、Supply Chain Coordination、Closed－Loop Supply Chain、Remanufacturing、Pricing、Genetic Algorithm、Coordination、Inventory、Reverse Logistics、Sustainability、RFID、Optimization、Carbon Emission、Information Sharing、Dual－channel
3	英国	运筹学与管理科学（722）、工业工程（719）、制造工程（648）、环境工程（262）、环境科学（257）、绿色可持续科学技术（188）	Sustainability、Case Study、Circular Economy、Simulation、Reverse Logistics、Literature Review、Uncertainty、Lean、Inventory、Sustainable Supply Chain、Life Cycle Assessment、Performance、Big Data、Remanufacturing、Supplier Selection、RFID、Supply Chain Integration

序号	国家/地区	Web of Science 类别	颇受关注的关键词
4	中国台湾	运筹学与管理科学（461）、工业工程（434）、制造工程（360）、计算机科学—跨领域应用（163）、工程—多领域（136）、电子电气工程（105）	Inventory、Genetic Algorithm、Trade Credit、Supplier Selection、Fuzzy Set theory、Pricing、Deteriorating Items、Reverse Logistics、Analytic Network Process、Remanufacturing、Optimization、Green Supply Chain Management、Simulation、Structural Equation Modeling、Supply Chain Network Design、Particle Swarm Optimization
5	伊朗	工业工程（328）、制造工程（289）、运筹学与管理科学（276）、工程—多领域（209）、计算机科学—跨领域应用（184）、自动化及控制系统（114）	Genetic Algorithm、Robust Optimization、Pricing、Game Theory、Supplier Selection、Uncertainty、Closed–Loop Supply Chain、Supply Chain Coordination、Supply Chain Network Design、Sustainability、Multi–Objective Optimization、Inventory、Network Design、Reverse Logistics、Scheduling
6	德国	工业工程（402）、运筹学与管理科学（380）、制造工程（352）、环境工程（159）、环境科学（159）、绿色可持续科学技术（107）	Sustainability、Simulation、Production、Modelling、Supply Chain Risk Management、Inventory Management、Case Study、Reverse Logistics、Life Cycle Assessment、Automotive Industry、Scheduling、Optimization、RFID、Transportation、Supply Chain Dynamics
7	印度	工业工程（456）、制造工程（418）、运筹学与管理科学（379）、环境工程（158）、环境科学（154）、计算机科学—跨领域应用（117）	Sustainability、Reverse Logistics、India、Closed–Loop Supply Chain、Remanufacturing、Inventory、Analytic Hierarchy Process、Genetic Algorithm、Supplier Selection、Sustainable Supply Chain、Coordination、Game Theory、Lean Manufacturing、Performance Measurement、Interpretive Structural Modelling
8	加拿大	运筹学与管理科学（475）、工业工程（427）、制造工程（363）、计算机科学—跨领域应用（117）、运输（109）、运输科学和技术（93）	Reverse Logistics、Sustainability、Simulation、Remanufacturing、Closed–Loop Supply Chain、Optimization、Pricing、Inventory、Supply Chain Coordination、Coordination、Game Theory、Uncertainty、City Logistics、Inventory Management、Vehicle Routing
9	意大利	工业工程（352）、运筹学与管理科学（335）、制造工程（306）、环境工程（143）、环境科学（140）、绿色可持续科学技术（105）	Sustainability、Simulation、City Logistics、Bullwhip Effect、Life Cycle Assessment、Case Study、Consignment Stock、Optimization、Inventory Management、Literature Review、LCA、Circular Economy、Vehicle Routing、Environmental Sustainability、Inventory、Carbon Footprint
10	法国	运筹学与管理科学（398）、工业工程（376）、制造工程（374）、计算机科学—跨领域应用（85）、环境工程（76）、环境科学（76）	Sustainability、Simulation、Closed–Loop Supply Chain、Remanufacturing、Reverse Logistics、Supply Chain Design、Scheduling、Uncertainty、Optimisation、Production Planning、Genetic Algorithm、Transportation、Inventory Control、Sustainable Supply Chain、RFID

2.2.2.2　机构分析

通过研究机构产出和机构合作分析，可以发现本领域的重要机构，从而了解本领域内主要研究机构的科研实力以及影响力，为学者寻求合作、跟踪目标提供参考。

1. 机构论文数量

本节统计了 2005—2019 年全球物流科技领域论文量 TOP20 的机构论文情况（见表 2 - 15）。论文量 TOP20 机构中，中国有香港理工大学、清华大学、香港大学、上海交通大学、天津大学、华中科技大学、浙江大学 7 所机构，是中国参与物流科技研究的主要机构。香港理工大学以远超其他机构的论文量成为全球发表物流科技论文数量最高的机构，依然稳居榜首。在篇均被引频次方面，中国机构并不突出，只有香港理工大学位列第五、香港大学排名第七，说明虽然中国机构的发文数量不断上升，占 TOP20 机构发文数量的 40.72%，进入榜单的中国机构数量不断上升，但是学术影响力还有待进一步提高。

表 2 - 15　　　2005—2019 年全球物流科技领域论文量 TOP20 机构的论文情况

机构	论文		总被引		篇均被引	
	数量（篇）	排名	频次（次）	排名	频次（次）	排名
香港理工大学	472	1	14695	1	31.13	5
印度理工学院	276	2	6979	3	25.29	9
德黑兰大学	211	3	5645	4	26.75	8
伊斯兰自由大学	203	4	4600	6	22.66	14
清华大学	202	5	4178	7	20.68	17
香港大学	171	6	4604	5	26.92	7
伊朗科技大学	157	7	2954	16	18.82	18
新加坡国立大学	145	8	3650	12	25.17	10
上海交通大学	145	8	3342	14	23.05	13
阿米尔卡比尔理工大学	144	10	3445	13	23.92	12
天津大学	143	11	2051	19	14.34	20
南丹麦大学	133	12	7749	2	58.26	1
得克萨斯 A&M 大学	130	13	2730	18	21	16
宾夕法尼亚州立大学	124	14	4103	8	33.09	4
华中科技大学	123	15	2751	17	22.37	15
诺丁汉大学	123	15	3695	11	30.04	6
南洋理工大学	119	17	4060	9	34.12	2
米兰理工大学	119	17	2975	15	25	11
浙江大学	117	19	1778	20	15.2	19
佐治亚理工学院	115	20	3848	10	33.46	3

美国作为物流科技领域总论文量最高的国家，研究机构也很多，但是较为分散，主要有得

克萨斯 A&M 大学、宾夕法尼亚州立大学、佐治亚理工学院。印度理工学院以 276 篇的发文量位列第二，篇均被引频次排名第九。伊朗近年在物流科技领域较为活跃，高校也有较高的学术实力，德黑兰大学、伊斯兰自由大学、伊朗科技大学、阿米尔卡比尔理工大学 4 所机构进入榜单且均进入 TOP10。

欧洲高校在物流科技领域也表现突出，主要有南丹麦大学、诺丁汉大学、米兰理工大学，并且具有较高的学术影响力，其中，南丹麦大学的篇均被引频次排名第一。此外，新加坡国立大学、南洋理工大学有较高的发文数量，南洋理工大学的篇均被引频次排名第二。

2. 2006—2019 年发文量 TOP10 的机构

表 2 - 16 统计了 2006—2019 年不同阶段发文量 TOP10 的机构，论文总量在三个阶段呈现快速增长的趋势。香港理工大学一直以绝对优势的论文数量稳居榜首，印度理工学院在三个阶段中也保持着较高的论文数量，排名第二。

表 2 - 16　　　　　　　全球物流科技领域发文量 TOP10 机构的论文数量

排名	"十一五" 时期（2006—2010 年）		"十二五" 时期（2011—2015 年）		2016—2019 年	
	机构	发文量（篇）	机构	发文量（篇）	机构	发文量（篇）
1	香港理工大学	88	香港理工大学	186	香港理工大学	191
2	印度理工学院	52	印度理工学院	78	印度理工学院	141
3	香港大学	46	伊斯兰自由大学	71	德黑兰大学	132
4	新加坡国立大学	41	德黑兰大学	66	伊斯兰自由大学	128
5	佐治亚理工学院	30	阿米尔卡比尔理工大学	61	天津大学	104
6	阿米尔卡比尔理工大学	24	伊朗科技大学	53	伊朗科技大学	97
7	南洋理工大学	23	南丹麦大学	51	上海交通大学	82
8	米兰理工大学	23	宾夕法尼亚州立大学	50	清华大学	79
9	得克萨斯 A&M 大学	22	诺丁汉大学	50	南丹麦大学	78
10	清华大学	20	上海交通大学	46	香港大学	74

2006—2010 年，中国香港、印度表现突出，中国内地仅有清华大学一所机构入榜，同时可以看出上榜机构所属国家各不相同，囊括中国、印度、新加坡、美国、伊朗、意大利，说明在物流科技领域活跃的国家众多。

2011—2015 年，伊朗在物流科技领域迅速发展，表现十分突出，伊斯兰自由大学、德黑兰大学、阿米尔卡比尔理工大学、伊朗科技大学 4 所机构进入榜单且占据前六名的位置。中国有香港理工大学和上海交通大学入榜。

2016—2019 年，入榜机构所在地区趋于集中。伊朗 3 所机构入榜，中国内地近四年在物流科技领域表现活跃，天津大学、上海交通大学、清华大学 3 所机构入榜，中国香港有香港理工大学、香港大学 2 所机构入榜。中国和伊朗在近四年物流科技领域发展迅速，是科研活动较为活跃的国家。

3. 机构的合作情况

图 2-9 展示了 2005—2019 年全球物流科技领域发文量超过 60 篇的机构之间的合作关系，相同的节点颜色代表一个合作群，主要有以下七个合作群。

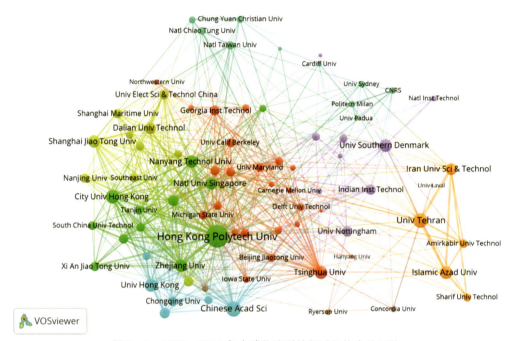

图 2-9　2005—2019 年全球物流科技领域机构合作网络

注：图中圆点代表机构，连线代表机构之间的合作关系，圆点大小表示机构的合作强度。
　　此图由系统自动生成，图中单词显示不全。

①橙色合作群，主要由伊朗的机构构成：伊斯兰自由大学、德黑兰大学、阿米尔卡比尔理工大学、伊朗科技大学。②紫色合作群，主要由南丹麦大学、印度理工学院、诺丁汉大学、剑桥大学等构成。③青色合作群，主要由米兰理工大学、卡迪夫大学等构成。④绿色合作群，主要由香港理工大学、浙江大学、南洋理工大学、新加坡国立大学、香港城市大学、西安交通大学、天津大学等构成。⑤红色合作群，主要美国和中国的机构构成：佐治亚理工学院、清华大学、密歇根州立大学、北京交通大学、得克萨斯 A&M 大学、普渡大学、荷兰代尔夫特理工大学等。⑥黄色合作群，主要由中国内地机构构成：上海交通大学、南京大学、大连理工大学、上海海事大学等。⑦蓝色合作群，主要由中国科学院、中国科技大学、重庆大学等构成。

此外，通过 VOSviewer 分析合作强度结果可知，香港理工大学合作强度最高，在合作群中占据着重要位置，与不同国家/地区的机构展开了广泛而密切的合作。同时，发文量较高的德黑兰大学、南丹麦大学、中国科学院等不仅在自己的合作群中占重要地位，与其他合作群也有广泛的科研合作。此外，物流科技领域机构之间的合作关系也显示出了地域邻近性。

2.2.2.3　作者分析

本小节通过作者分析，旨在发现本领域的高产作者、高影响力作者，并分析作者合著网络，从而挖掘本领域的重要学者，厘清合作者群的合作机制及其研究方向，为相关学者之间进行学术交流、开展合作研究提供参考，促进物流科技领域研究的深入和发展。

1. 作者论文数量

表2-17统计了2005—2019年全球物流科技领域发文量TOP 20作者的论文情况，南丹麦大学的Govindan Kannan以107篇论文位居论文数量和总被引频次第一，篇均被引频次位居第三，拥有17篇ESI高水平论文，是物流科技领域学术实力和影响力都十分突出的学者，主要从事绿色供应链、可持续供应链管理、逆向物流、闭环供应链等方面的研究。上海交通大学Zhu Qinghua（原就职于大连理工大学）、伍斯特理工学院Sarkis Joseph的篇均被引频次分别为第一、第二，ESI高水平论文数量分别为4篇、16篇，在物流科技领域具有很高的学术影响力。香港理工大学的学者在TOP20席位中占据4席，表现十分突出，在物流科技领域具有很高学术影响力。

表2-17　　　2005—2019年全球物流科技领域发文量TOP20作者的论文情况

作者	机构	论文		总被引		篇均被引		ESI 高水平论文数量（篇）
		数量（篇）	排名	频次（次）	排名	频次（次）	排名	
Govindan Kannan	南丹麦大学	107	1	6882	1	64.32	3	17
Gunasekaran Angappa	加州州立大学	82	2	4152	3	50.63	7	9
Chan FTS	香港理工大学	81	3	2499	8	30.85	13	1
Tiwari MK	印度理工学院	75	4	1961	11	26.15	17	2
Sarkis Joseph	伍斯特理工学院	73	5	5601	2	76.73	2	16
Cheng TCE	香港理工大学	68	6	2025	10	29.78	15	1
Huang George Q	香港大学	66	7	1902	12	28.82	16	4
Choi TM	香港理工大学	62	8	1876	13	30.26	14	4
You Fengqi	康奈尔大学	61	9	3299	4	54.08	6	0
Jaber Mohamad Y	瑞尔森大学	57	10	2259	9	39.63	10	3
Tavakkoli - Moghaddam R	德黑兰大学	50	11	1274	18	25.48	18	0
Tseng Ming - Lang	台湾亚洲大学	48	12	1743	15	36.31	11	6
Diabat Ali	纽约大学	43	13	2576	7	59.91	5	3
DolguiAlexandre	大西洋高等矿业电信学校	43	13	1426	17	33.16	12	9
Grossmann IE	卡耐基梅隆大学	43	13	1813	14	42.16	9	0
Lai KH	香港理工大学	42	16	2643	6	62.93	4	3
Zhao Xiande	中欧国际工商学院	41	17	972	19	23.71	19	2
HuoBaofeng	浙江大学	40	18	763	20	19.08	20	1
Zhu Qinghua	上海交通大学	38	19	3070	5	80.79	1	4
Sheu Jiuh Biing	台湾大学	37	20	1736	16	46.92	8	0

2. 2006—2019 年发文量 TOP10 的作者

表 2 – 18 分别统计了"十一五"（2006—2010 年）、"十二五"（2011—2015 年）、2016—2019 年全球物流科技领域发文量 TOP 10 的作者，可以看到不同阶段高产量作者的分布存在差异。2006—2010 年，香港理工大学的 Chan FTS 发文量最高，位列榜首，排名第二的是印度理工学院的 Tiwari MK。2011—2015 年，南丹麦大学的 Govindan Kannan 以 41 篇论文高居榜首，香港理工大学的 Chan FTS 位列第二。2016—2019 年，高产量作者论文量整体增长，南丹麦大学的 Govindan Kannan 继续处于领先地位，加州州立大学的 Gunasekaran Angappa 位居第二。

南丹麦大学的 Govindan Kannan 论文量和影响力都十分突出，是目前物流科技领域最为活跃的学者。而香港理工大学的 Chan FTS 虽然 2006—2015 年发表论文 61 篇，但是近四年的发文量有所下降。同时，加州州立大学的 Gunasekaran Angappa、印度理工学院的 Tiwari MK、伍斯特理工学院的 Sarkis Joseph 在近十五年内三次上榜，是当今物流科技领域重要的学者。此外，台湾亚洲大学的 Tseng Ming – Lang、香港理工大学的 Choi TM 等在 2016—2019 年也十分活跃。

表 2 – 18　　　　　　　　　　全球物流科技领域发文量 TOP10 的作者

排名	"十一五"时期（2006—2010 年）		"十二五"时期（2011—2015 年）		2016—2019 年	
	作者	论文数量（篇）	作者	论文数量（篇）	作者	论文数量（篇）
1	Chan FTS	24	Govindan Kannan	41	Govindan Kannan	63
2	Tiwari MK	13	Chan FTS	37	Gunasekaran Angappa	43
3	Choy KL	12	Cheng TCE	29	Tseng Ming – Lang	39
4	Cheng TCE	11	Gunasekaran Angappa	28	Sarkis Joseph	34
5	Jaber Mohamad Y	11	Sarkis Joseph	28	Huang George Q	33
6	Gunasekaran Angappa	10	You Fengqi	28	Tiwari MK	33
7	Huang George Q	10	Tiwari MK	26	Choi TM	33
8	Grossmann Ignacio E	10	Diabat Ali	25	Dolgui Alexandre	31
9	Sarkis Joseph	9	Lai KH	25	Tavakkoli – Moghaddam Reza	30
10	Ravi Shankar	8	Jaber Mohamad Y	24	You Fengqi	29

3. 主要科研人员

根据研究人员发文情况统计、合作关系分析，结合进一步的网络调研，对物流科技领域的 10 名重要科研人员进行简单介绍（见表 2 – 19）。

表 2 – 19　　　　　　　　　　全球物流科技领域的重要作者简介

作者	机构	研究方向	合作对象
Govindan Kannan	南丹麦大学	逆向物流，闭环供应链，可持续供应链管理，绿色供应链管理	南丹麦大学 Kannan Devika，伍斯特理工学院 Sarkis Joseph，上海交通大学 Zhu Qinghua 等

作者	机构	研究方向	合作对象
Gunasekaran Angappa	加州州立大学	敏捷制造，绩效评估，管理信息系统，技术管理，物流与供应链	诺丁汉大学 Subramanian Nachiappan，共生国际大学 Dubey Rameshwar，肯特大学 Thanos Papadopoulos 等
Chan FTS	香港理工大学	物流与供应链管理，运营管理，生产管理，配送协调，系统模型建立与模拟，供应商选择，人工智能优化	印度理工学院 Tiwari MK，德黑兰大学 Jafar Heydari，都柏林城市大学 Kumar Vikas 等
Tiwari MK	印度理工学院	生产计划与控制，物流与供应链分析，制造与物流中的计算智能，优化与仿真	香港理工大学 Chan FTS，印度理工学院 Ravi Shankar，大西洋高等矿业电信学校 Dolgui Alexandre 等
Sarkis Joseph	伍斯特理工学院	企业和工业对生态环境的影响，工业绿色化驱动力的研究，绿色供应链	南丹麦大学 Govindan Kannan，香港理工大学 Lai KH，悉尼大学 Behnam Fahimnia 等
Cheng TCE	香港理工大学	电子商务与电子商务，信息系统管理，创新与技术管理，运营管理，质量管理，科学调度，供应链管理	香港理工大学 Lai KH，香港理工大学 Ngai EWT，南京大学 Xiao Tiaojun 等
Huang George Q	香港大学	基于互联网的创新工业服务系统和智慧平台的研发，产品设计与制造，物流与供应链管理	广东工业大学屈挺，香港大学 Zhong Ray Y，中国科学技术大学梁樑等
Choi TM	香港理工大学	供应链管理，时尚商务运营优化等领域	香港理工大学 Cheng TCE，中欧国际工商学院 Zhao Xiande，德黑兰大学 Taleizadeh、Ata Allah 等
You Fengqi	康奈尔大学	供应链优化和智能物流，不确定性下的工业规划、生产、调度和控制，对页岩气、可再生燃料等能源的供应链模型优化研究	卡耐基梅隆大学 Grossmann Ignacio E，康奈尔大学 Gao Jiyao、Univ Michoacana 等
Jaber Mohamad Y	瑞尔森大学	供应链中的库存管理、交货能力，逆向物流，双渠道供应链，可持续供应链	意大利布雷西亚大学 Zanoni Simone，瑞尔森大学 El Saadany AMA、Zavanella LE 等

2.2.2.4　期刊分析

学术期刊是学术交流、科技传承和科学评价的主要信息载体，通过分析物流科技领域研究论文所在期刊的分布可以确定该领域的重要期刊，指导科研人员投稿，并为该领域研究者对该领域相关文献的搜集和管理提供一定的依据。

通过统计，2005—2019 年全球物流科技领域载文量 TOP20 的期刊共刊载了 10604 篇论文（见表 2 - 20），占全球论文的 62.72%；在这些期刊中，JCR 分区 Q1 区期刊、Q2 区期刊分别有 13 种、5 种，占比达到 90%，说明期刊整体上质量较高，构成了物流科技领域最重要的核心期刊群。

表 2 – 20 　　　　　　　　　2005—2019 年全球物流科技领域载文量 TOP20 的期刊信息

序号	期刊名称	论文量（篇）	总被引频次（次）	篇均被引频次（次）	JCR分区	2 年影响因子
1	INTERNATIONAL JOURNAL OF PRODUCTION ECONOMICS	2024	77433	38.26	Q1	4.998
2	INTERNATIONAL JOURNAL OF PRODUCTION RESEARCH	1605	34126	21.26	Q1	3.199
3	JOURNAL OF CLEANER PRODUCTION	1470	44528	30.29	Q1	6.395
4	COMPUTERS INDUSTRIAL ENGINEERING	838	16261	19.40	Q1	3.518
5	TRANSPORTATION RESEARCH PART E LOGISTICS AND TRANSPORTATION REVIEW	533	16265	30.52	Q1	4.253
6	PRODUCTION PLANNING CONTROL	475	7116	14.98	Q1	3.34
7	PRODUCTION AND OPERATIONS MANAGEMENT	435	13723	31.55	Q2	2.171
8	EXPERT SYSTEMS WITH APPLICATIONS	415	16569	39.93	Q1	4.292
9	INTERNATIONAL JOURNAL OF ADVANCED MANUFACTURING TECHNOLOGY	352	7125	20.24	Q2	2.496
10	INDUSTRIAL MANAGEMENT DATA SYSTEMS	333	6163	18.51	Q2	3.727
11	MATHEMATICAL PROBLEMS IN ENGINEERING	317	1325	4.18	Q3	1.179
12	COMPUTERS OPERATIONS RESEARCH	290	9793	33.77	Q2	3.002
13	APPLIED MATHEMATICAL MODELLING	256	6774	26.46	Q1	2.841
14	RESOURCES CONSERVATION AND RECYCLING	238	7602	31.94	Q1	7.044
15	COMPUTERS CHEMICAL ENGINEERING	233	7451	31.98	Q1	3.334
16	APPLIED ENERGY	196	4833	24.66	Q1	8.426
17	IEEE ACCESS	155	1067	6.93	Q1	4.098
18	TRANSPORTATION RESEARCH RECORD	154	1061	6.89	Q4	0.748
19	JOURNAL OF INTELLIGENT MANUFACTURING	146	2512	17.20	Q1	3.535
20	INDUSTRIAL ENGINEERING CHEMISTRY RESEARCH	139	2691	19.36	Q2	3.375

　　表 2 – 20 中，物流科技领域期刊主题涵盖工业生产、运筹与管理科学、经济学、运输学、计算机等领域，是一个多学科交叉的领域。其中，刊文最多的期刊是 INTERNATIONAL JOURNAL OF PRODUCTION ECONOMICS，载文量 2024 篇，紧随其后的 INTERNATIONAL JOURNAL OF PRODUCTION RESEARCH、JOURNAL OF CLEANER PRODUCTION 载文量均超过了 1000 篇，且均为 Q1 区期刊，是物流科技领域的重要期刊。

　　在中国大陆和美国物流科技论文的主要刊载期刊中（见表 2 – 21），两个国家/地区物流科技论文主要刊载期刊重复度较高，TOP10 期刊中有 6 本重合，说明发表论文的期刊质量较高。中国大陆发文的 10 种期刊全部进入 TOP20 期刊，其中 8 种期刊进入前 10 名；美国发文的 10 种期刊中有 9 种位列 TOP20 期刊，其中 6 种期刊进入前 10 名，说明中美两国科研人员发表论文所在的期刊普遍质量较高，中国大陆科研人员学术影响力提升明显。此外，两个国家/地区不同的期刊中（表2-21中蓝色加粗期刊），中国大陆学者较多研究了物流领域的数学问题、数据系统、先进制造以及电信等；美国学者更多关注在交通运输、计算机、工业工程领域。

表2-21　2005—2019年物流科技领域刊载中国大陆和美国论文数量TOP10的期刊

序号	中国大陆			美国		
	期刊名称	JCR分区	论文量（篇）	期刊名称	JCR分区	论文量（篇）
1	INTERNATIONAL JOURNAL OF PRODUCTION ECONOMICS	Q1	466	INTERNATIONAL JOURNAL OF PRODUCTION ECONOMICS	Q1	620
2	INTERNATIONAL JOURNAL OF PRODUCTION RESEARCH	Q1	389	INTERNATIONAL JOURNAL OF PRODUCTION RESEARCH	Q1	421
3	JOURNAL OF CLEANER PRODUCTION	Q1	367	PRODUCTION AND OPERATIONS MANAGEMENT	Q2	348
4	MATHEMATICAL PROBLEMS IN ENGINEERING	Q3	225	JOURNAL OF CLEANER PRODUCTION	Q1	212
5	COMPUTERS INDUSTRIAL ENGINEERING	Q1	205	TRANSPORTATION RESEARCH PART E LOGISTICS AND TRANSPORTATION REVIEW	Q1	160
6	TRANSPORTATION RESEARCH PART E LOGISTICS AND TRANSPORTATION REVIEW	Q1	166	COMPUTERS INDUSTRIAL ENGINEERING	Q1	127
7	INDUSTRIAL MANAGEMENT DATA SYSTEMS	Q2	124	COMPUTERS CHEMICAL ENGINEERING	Q1	96
8	EXPERT SYSTEMS WITH APPLICATIONS	Q1	105	TRANSPORTATION RESEARCH RECORD	Q4	87
9	IEEE ACCESS	Q1	99	COMPUTERS OPERATIONS RESEARCH	Q2	71
10	PRODUCTION AND OPERATIONS MANAGEMENT	Q2	96	II E TRANSACTIONS	Q1	67

2.2.3　研究主题分析

利用关键词分析物流科技领域的主题分布，旨在揭示一定时期内相关领域国内外研究热点和主题分布，从而帮助相关研究人员把握领域发展状况、寻找研究方向。

2.2.3.1　频次 TOP30 关键词

表2-22统计了2005—2019年全球物流科技领域出现频次较高的30个关键词，可以看出涉及的研究主题十分广泛，大致可以归为物流科技领域常用的研究方法，如博弈论（Game Theory）、遗传算法（Genetic Algorithm）、模拟（Simulation）、优化（Optimization）、案例研究（Case Study）、牛鞭效应（Bullwhip Effect）、随机规划模型（Stochastic Programming）等。有一部分为物流科技领域生产实践中的物流问题，如库存（Inventory）、供应链协调（Supply Chain Coordination）、再制造（Remanufacturing）、供应商选择（Supplier Selection）、风险管理（Risk Management）等。最后，以可持续发展（Sustainability）为学者重点研究主题相关的热度关键词，如逆向物流（Reverse Logistics）、闭环供应链（Closed‐Loop Supply Chain）、生命周期评估（Life Cycle Assessment）、可持续供应链（Sustainable Supply Chain）等。

表 2‐22   2005—2019 年全球物流科技领域 TOP30 关键词及词频

关键词	词频（次）	关键词	词频（次）	关键词	词频（次）
Sustainability	545	Supplier Selection	245	Coordination	163
Reverse Logistics	400	Uncertainty	243	Risk Management	161
Simulation	393	Pricing	231	Supply Chain Design	160
Game Theory	366	RFID	215	Bullwhip Effect	157
Inventory	335	Transportation Supplier Selection	209	Information Sharing	156
Optimization	329	Inventory Management	202	Heuristics	153
Closed‐Loop Supply Chain	315	Case Study	199	Stochastic Programming	146
Remanufacturing	301	Life Cycle Assessment	194	Multi‐Objective Optimization	142
Genetic Algorithm	294	Scheduling	176	Sustainable Supply Chain	142
Supply Chain Coordination	255	Inventory Control	173	Vehicle Routing	139

2.2.3.2 2006—2019 年词频 TOP10 的关键词

从表 2‐23 可知，2006—2019 年，物流科技领域的热点关键词虽然随着时间不同各有侧重点，但一些主题在三个时间段中皆是学者关注的重点，如仿真模拟（Simulation）、逆向物流（Reverse Logistics）、优化（Optimization）、遗传算法（Genetic Algorithm）等。此外，不同的时间段也体现出不同的物流科技领域研究特点。

表 2‐23   全球物流科技领域词频 TOP20 的关键词演变

排名	"十一五"时期（2006—2010 年）		"十二五"时期（2011—2015 年）		2016—2019 年	
	关键词	词频（次）	关键词	词频（次）	关键词	词频（次）
1	Simulation	108	Reverse Logistics	155	Sustainability	378
2	Reverse Logistics	90	Simulation	154	Game Theory	218
3	Inventory	79	Inventory	143	Closed‐Loop Supply Chain	183
4	Genetic Algorithm	68	Sustainability	136	Remanufacturing	162
5	Optimization	63	Game Theory	122	Optimization	151

排名	"十一五"时期（2006—2010 年）		"十二五"时期（2011—2015 年）		2016—2019 年	
	关键词	词频（次）	关键词	词频（次）	关键词	词频（次）
6	Inventory Control	57	Optimization	106	Reverse Logistics	144
7	RFID	53	Genetic Algorithm	106	Uncertainty	133
8	Bullwhip Effect	50	Closed – Loop Supply Chain	103	Supply Chain Coordination	122
9	Supplier Selection	48	Supplier Selection	103	Simulation	116
10	Supply Chain Coordination	45	RFID	90	Pricing	116
11	Case Study	45	Remanufacturing	89	Genetic Algorithm	114
12	Remanufacturing	43	Supply Chain Coordination	86	Inventory	108
13	Scheduling	41	Pricing	81	Circular Economy	108
14	Coordination	37	Case Study	79	Life Cycle Assessment	102
15	Inventory Management	36	Inventory Management	78	Sustainable Supply Chain	98
16	Uncertainty	35	Transportation	75	Transportation	95
17	Information Sharing	35	Uncertainty	70	Supplier Selection	92
18	Transportation	33	Life Cycle Assessment	68	City Logistics	89
19	Outsourcing	32	China	61	Carbon Emission	88
20	Risk Management	31	Scheduling	60	Multi – Objective Optimization	82

2006—2010 年，物流科技领域研究主要集中在物流活动和模型方法上，如供应商选择（Supplier Selection）、风险管理（Risk Management）、外包业务（Outsourcing）、合作（Coordination）、牛鞭效应（Bullwhip Effect）等。

2011—2015 年，物流科技领域的研究热点开始发生变化，从热度关键词上可以看出，除了部分第一阶段的热点关键词，新增的与可持续发展相关的关键词出现频次较高，如可持续性（Sustainability）、闭环供应链（Closed – Loop Supply Chain）、生命周期评估（Life Cycle Assessment）。其中，闭环供应链是 2003 年提出的物流概念，前期出现频次较低，但在本阶段受到关注，频次迅速增长。此外，一些物流问题、模型方法也是本阶段研究热点，如定价（Pricing）、博弈论（Game Theory）。

2016—2019 年，物流科技领域的研究活动与成果更加丰富，关键词词频大幅增长，研究热点更多集中在可持续发展上。可持续性（Sustainability）以词频最高成为本阶段最受关注关键词，新增的热度关键词也都围绕物流业可持续发展展开，如循环经济（Circular Economy）、可持续供应链（Sustainable Supply Chain）、碳排放（Carbon Emission）等。同时，新增一些物流问题、模型方法的热度关键词，如城市物流（City Logistics）、多目标优化（Multi – Objective Optimization）。此外，与可持续供应链相关的闭环供应链、再制造、生命周期评估等关键词依然受到较高关注。

2.2.3.3 "十三五"期间关键词变化

为了更好地展示最新的物流科技领域的研究主题变化，表2-24统计了2016—2019年全球物流科技领域频次颇高的10个关键词，以及较高频次的新出现关键词。

在颇受关注的关键词方面，可以看出"十三五"期间的关键词变化不大，受关注度小幅变化。可持续性（Sustainability）一直是"十三五"期间的物流科技领域的研究热点，而前三年的热度关键词库存管理（Inventory Management）在2019年有所下降，博弈论（Game Theory）、闭环供应链（Closed-Loop Supply Chain）取而代之成为颇受关注关键词；循环经济（Circular Economy）继2018年成为受关注关键词后热度持续上升。与可持续发展相关的关键词呈现出较高的频次，说明物流科技领域的可持续发展问题依然是近期的研究热点。此外，定价（Pricing）、不确定性（Uncertainty）等物流问题也是研究热点。

表2-24中新出现的关键词主要分析如下。

绿色物流、可持续发展一直是学者们不断关注和深入的研究主题，从2016年的能量损耗（Embodied Energy）、社会成本（Social Cost）、绿色技术投资（Green Technology Investment）、第三方再制造（Third Party Remanufacturing），2017年的环境投入产出分析（Environmental Input-Output Analysis），到2018年的循环供应链（Circular Supply Chain）、生物经济（Bioeconomy）、质量不确定（Quality Uncertainty）、消费者绿色（Consumer Green）以及2019年再分配制造（Redistributed Manufacturing）等新出现的关键词，可以看出在可持续发展理念的影响下，物流系统的投入产出、绩效评估是前沿方向之一。

新出现的关键词还体现了更智慧的物流发展需求，如2016年的智慧工厂（Smart Factory）、2017年的实时立体紧凑型存储系统（Live-Cube Compact Storage System）、2018年的行为运作管理（Behavioural Operations Management）、2019年的智能合约（Smart Contract）、数字孪生（Digital Twin）等。

物流科技领域不断更新理论和方法，如多目标粒子群优化模型（Multi-Objective Particle Swarm Optimization）、分布式账本（Distributed Ledger）、模糊综合评价法（Fuzzy Synthetic Method）等。

表2-24 　　2016—2019年全球物流科技领域关键词的变化

年份	颇受关注的关键词	新出现的关键词
2019	Sustainability、Game Theory、Closed-Loop Supply Chain、Optimization、Circular Economy、Reverse Logistics、Uncertainty、Remanufacturing、Pricing、Genetic Algorithm	Smart Contract、Digital Twin、Redistributed Manufacturing、Distributed Ledger、Critical Raw Materials、Crowdsourced Delivery、Fuzzy Synthetic Method

年份	颇受关注的关键词	新出现的关键词
2018	Sustainability、Inventory Management、Optimization、Game Theory、Closed – Loop Supply Chain、Remanufacturing、Circular Economy、Supply Chain Coordination、Pricing、Uncertainty	Circular Supply Chain、Behavioural Operations Management、Bioeconomy、Quality Uncertainty、Belt And Road Initiative、Consumer Green、Charge Stations
2017	Sustainability、Inventory Management、Optimization、Closed – Loop Supply Chain、Game Theory、Remanufacturing、Supply Chain Coordination、Reverse Logistics、Green Supply Chain、Life Cycle Assessment	Environmental Input – Output Analysis、Live – Cube Compact Storage System、Business Model Innovation、Computational Logistics、Crowd Logistics、Hazardous Waste Management
2016	Sustainability、Inventory Management、Game Theory、Optimization、Remanufacturing、Life Cycle Assessment、Closed – Loop Supply Chain、Pricing、Risk Management、Supply Chain Coordination	Embodied Energy、Urban Consolidation Centers、Third Party Remanufacturing、Multi – Objective Particle Swarm Optimization、Social Cost、Green Technology Investment、Smart Factory、Supply Chain Learning

2.3　基于科研成果获奖视角的物流科学研究现状分析

物流类科研成果奖励情况是物流科技与管理创新能力的重要体现。本节对"十二五"和"十三五"期间国家级、省部级、社会力量物流类科研成果获奖情况进行统计分析，挖掘中国物流类科研成果的亮点所在，发现当今物流领域的重大科技应用和管理创新。

2.3.1　国家级奖励项目视角下的物流科研现状分析

国家科学技术奖是为了奖励在科学技术进步活动中作出突出贡献的公民、组织，调动科学技术工作者的积极性和创造性，加速科学技术事业的发展，提高综合国力而设，每年评审一次，包括国家最高科学技术奖、国家自然科学奖、国家技术发明奖、国家科学技术进步奖和中华人民共和国国际科学技术合作奖。

2011—2019 年国家科学技术奖获奖项目数量如图 2 – 10 所示，2011 年获奖数量最多，达到 374 项。2013 年开始，国家精减了国家自然科学奖、国家技术发明奖和国家科学技术进步奖的推荐指标数和评审指标数，突出鼓励自主创新成果和重大的发明创造。2019 年度国家科学技术奖共授奖 239 项成果，与 2011 年相比，2019 年国家自然科学奖、国家技术发明奖和国家科学技术进步奖三大奖总数减少 135 项，降幅为 36.1%；三大奖比例结构经过不断调整，由 2011 年的 9.6%、14.7%、75.7% 分别调整为 19.2%、19.7%、61.1%，国家自然科学奖、国家技术发明奖比例增加，奖励结构更合理；国家科学技术进步奖，从 2011 年的 283 项减少至 2019 年的 146 项，减少了 137 项，缩减 48.4%。

图 2-10　2011—2019 年国家科学技术奖获奖项目数量

2011—2019 年共有 15 项物流成果获得国家科学技术奖（见表 2-25）。其中 2011 年、2013 年、2018 年和 2019 年最多，均为 3 项。获奖项目名称及获奖级别如表 2-26 所示。

表 2-25　　　　　2011—2019 年物流成果获国家科学技术奖的数量　　　　　单位：项

获奖情况	年份									总计
	2011	2012	2013	2014	2015	2016	2017	2018	2019	
国家自然科学奖	1	0	0	0	0	0	0	0	0	1
国家技术发明奖	0	0	1	0	0	1	0	0	0	2
国家科学技术进步奖	2	0	2	0	1	1	0	3	3	12
总计	3	0	3	0	1	2	0	3	3	15

表 2-26　　　　　2011—2019 年物流成果获国家科学技术奖项目

年份	项目名称	获奖级别
2019	高效能异构并行调度关键技术及应用	国家科学技术进步二等奖
	中国民航数字化协同管制新技术及应用	国家科学技术进步二等奖
	复杂地形下长距离大运力带式输送系统关键技术	国家科学技术进步二等奖
2018	中国高精度位置网及其在交通领域的重大应用	国家科学技术进步一等奖
	大范围路网交通协同感知与联动控制关键技术及应用	国家科学技术进步二等奖
	基于共用架构的汽车智能驾驶辅助系统关键技术及产业化	国家科学技术进步二等奖
2016	国家内河高等级航道通航运行系统关键技术及应用	国家科学技术进步二等奖
	钢铁生产与物流调度关键技术及应用	国家技术发明二等奖
2015	中国交通建设集团科技创新工程	国家科学技术进步二等奖
	高性能无线射频识别（RFID）标签制造核心装备	国家技术发明二等奖
2013	离岸深水港建设关键技术与工程应用	国家科学技术进步一等奖
	城市交通智能路网的关键技术及应用	国家科学技术进步二等奖

年份	项目名称	获奖级别
2011	基于行为的城市交通流时空分布规律与数值计算	国家自然科学二等奖
	机械 20000t×125m 多吊点桥式起重装备	国家科学技术进步二等奖
	烟大铁路轮渡系统集成技术及应用	国家科学技术进步二等奖

从表 2-26 可以看出，2011—2019 年获中国国家科学技术奖项目中，物流成果较多的为信息与通信技术在交通或物流系统领域的应用；物流成果研究由系统集成、基础设施建设、路网建设、无线射频识别技术，转向智能驾驶辅助系统、高效能异构并行调度，以及协同感知与联动控制技术、高精度位置技术、协同管制技术；随着信息与通信技术的迅猛发展，现代物流也逐步完善和进步，极大提高了物流的效率和服务质量。

湖南大学完成的"高效能异构并行调度关键技术及应用"项目，系统地提出了大规模异构环境下高效能并行调度的基础理论与技术，成果已应用于金融、智慧城市等相关领域，提高了大型工程仿真、天气预报等的计算效率，节省了能耗。

"中国民航数字化协同管制新技术及应用"项目，由民航局空管局、北京航空航天大学等单位共同完成，项目在数字化塔台管制服务平台设计、多机场情报动态快速通播、航路颠簸识别、塔台优化放行等方面的成果有重大创新；项目研制的民航数字化塔台管制服务平台已部署于全国民航 44 个主要机场并提供运行服务，日均服务航班超过 11000 架次，覆盖全国 75% 以上的航班量，提升了我国民航机场塔台管制服务效率和安全水平。

此外，复杂环境下的相关技术在物流领域的应用研究也极大促进了物流业发展，提升了物流服务水平。由中国矿业大学、山东科技大学、力博重工科技股份有限公司等为主要完成单位的"复杂地形下长距离大运力带式输送系统关键技术"项目，突破了长距离大运力带式输送系统永磁电机直驱、沿线张力控制、空间转弯和安全保障等共性关键技术难题，实现了我国复杂地形下长距离大运力带式输送系统的跨越式发展，引领了我国带式输送行业的技术进步，支撑了国家"十一五"重点建设千万吨矿井——斜沟煤矿、国家"西电东送"重点工程——黄登水电站的建设，在山西焦煤集团有限责任公司等 61 家企业推广应用，使产品出口到俄罗斯、印度、越南等多个"一带一路"沿线国家和地区。

2.3.2　省部级奖励项目视角下的物流科研现状分析

2.3.2.1　各省/自治区/直辖市科学技术奖

各省/自治区/直辖市科技奖励评审和表彰工作，聚焦重点研发领域、密切关注科技成果转化等核心关键问题，重点选拔一批优秀的创新成果和个人，为推动创新驱动发展战略、促进区域产业转型升级作出积极贡献。

　　各省/自治区/直辖市科学技术奖授予在科学发现、技术发明和促进科学技术进步等方面作出创造性突出贡献的公民或者组织，并对同一项目授奖的公民、组织按照贡献大小排序。一般包括自然科学奖、技术发明奖及科学技术进步奖，有些各省/自治区/直辖市还有科技功臣奖和国际科技合作奖，例如上海市。本节选取自然科学奖、技术发明奖及科学技术进步奖这3项统计各省/自治区/直辖市科学技术奖数量。

　　2017—2019年，各省/自治区/直辖市科学技术奖数量及物流类成果获奖数量如表2-27所示，初步统计，获奖的物流类成果比重逐渐增加。2019年，在各省/自治区/直辖市科学技术奖数量方面，安徽省、浙江省、湖北省评奖数量最多，分别是335项、300项和298项，青海省、海南省、西藏自治区较少，分别是30项、29项和20项。在物流类成果获奖数量方面，湖北省数目最多（7项），江苏省数目紧随其后（6项），浙江省、上海市、陕西省、福建省均为4项。

表2-27　　2017—2019年各省/自治区/直辖市科学技术奖数量、物流类成果获奖数量及其占比情况

省/自治区/直辖市	2017年			2018年			2019年		
	科学技术奖数量（项）	物流类成果获奖数量（项）	占比（%）	科学技术奖数量（项）	物流类成果获奖数量（项）	占比（%）	科学技术奖数量（项）	物流类成果获奖数量（项）	占比（%）
安徽	172	1	0.6	176	2	1.1	335	1	0.3
浙江	286	1	0.3	299	3	1.0	300	4	1.3
湖北	321	1	0.3	311	1	0.3	298	7	2.3
河南	329	1	0.3	331	0	0.0	292	3	1.0
黑龙江	273	0	0.0	281	0	0.0	285	0	0.0
吉林	284	0	0.0	281	0	0.0	280	2	0.7
湖南	206	2	1.0	220	2	0.9	280	3	1.1
上海	278	5	1.8	289	4	1.4	279	4	1.4
江苏	210	4	1.9	276	4	1.4	273	6	2.2
陕西	251	1	0.4	260	2	0.8	259	4	1.5
四川	281	0	0.0	287	0	0.0	243	3	1.2
山东	143	0	0.0	157	2	1.3	241	1	0.4
河北	275	2	0.7	266	1	0.4	232	0	0.0
辽宁	197	1	0.5	203	4	2.0	217	1	0.5
福建	190	0	0.0	195	1	0.5	200	4	2.0
天津	189	2	1.1	199	8	4.0	194	3	1.5
广东	244	3	1.2	171	3	1.8	173	1	0.6
广西	148	1	0.7	148	0	0.0	157	0	0.0
北京	195	1	0.5	212	5	2.4	155	2	1.3
云南	192	1	0.5	190	2	1.1	151	1	0.7
甘肃	148	0	0.0	150	0	0.0	149	0	0.0
江西	79	1	1.3	79	1	1.3	148	0	0.0

省/自治区/直辖市	2017 年			2018 年			2019 年		
	科学技术奖数量（项）	物流类成果获奖数量（项）	占比（%）	科学技术奖数量（项）	物流类成果获奖数量（项）	占比（%）	科学技术奖数量（项）	物流类成果获奖数量（项）	占比（%）
重庆	141	1	0.7	170	0	0.0	142	1	0.7
新疆	143	0	0.0	144	0	0.0	128	0	0.0
贵州	76	0	0.0	115	0	0.0	107	0	0.0
宁夏	67	0	0.0	69	0	0.0	67	0	0.0
青海	29	0	0.0	29	0	0.0	30	0	0.0
海南	37	0	0.0	36	0	0.0	29	0	0.0
西藏	20	0	0.0	21	0	0.0	20	0	0.0
山西	170	0	0.0	197	0	0.0			
内蒙古	99	0	0.0	111	0	0.0			
总计	5673	29	0.5	5873	45	0.8	5664	51	0.9

注：空白表示该省/自治区/直辖市科学技术奖或未评选，或未公示，或含非评奖年。本表统计不含港澳台地区，下同。

2019 年各省/自治区/直辖市科学技术奖物流类成果获奖数量 51 项，比 2018 年增加 13.3%，获奖成果有以下主要特点（见表 2-28）。

表 2-28　　　　2019 年各省/自治区/直辖市科学技术奖物流类成果获奖项目名单

序号	获奖成果	主要完成单位
1	大规模物联网的高能效智能组网技术及其应用	河南科技大学
2	城市智能交通设备管理大数据平台关键技术与应用	河南中裕广恒科技股份有限公司、河南工业大学
3	城市地下综合管廊快速建造技术研发及应用	中国建筑第七工程局有限公司、中建七局安装工程有限公司、西安交通大学、中建科技河南有限公司
4	宽扁型江海直达船开发	武汉理工大学
5	蔬菜绿色供应链品质与安全控制技术研发及产业化应用	湖北大学、国家农产品现代物流工程技术研究中心（山东商业职业技术学院）、福建超大现代农业集团有限公司武汉分公司、武汉荷香源农业发展有限公司
6	行为感知驱动的物联网技术与应用	武汉大学、中国船舶重工集团公司第七一九研究所
7	LNG 运输船舶通航风险防控关键技术与应用	武汉理工大学、深圳海事局、武汉新烽光电股份有限公司
8	专用运输车辆安全部件关键测试技术及成套设备开发	中汽研汽车检验中心（武汉）有限公司、汉阳专用汽车研究所、广东富华机械集团有限公司、浙江嘉隆机械设备有限公司
9	110 吨电动轮矿用自卸车	航天重型工程装备有限公司

中国物流科技发展报告
REPORT ON LOGISTICS TECHNOLOGY DEVELOPMENT OF CHINA
2019—2020

序号	获奖成果	主要完成单位
10	30t 轴重重载运输煤炭漏斗车及关键技术研究	中车长江车辆有限公司
11	城市交通智能管控与决策支持关键技术研发与应用	浙江大学、银江股份有限公司、杭州市综合交通研究中心、浙江浙大中控信息技术有限公司
12	浙江特色果品贮运关键装备与配套技术创新及应用	宁波市农业科学研究院、浙江大学、天津商业大学、天津新技术产业园区大远东制冷设备工程技术有限公司、丽水市农业科学研究院、金华市农业科学研究院
13	基于智能物联和缺陷检测的软包装设备控制系统	浙江大学城市学院、杭州数创自动化控制技术有限公司、杭州东骏科技有限公司
14	水产品质量安全信息快速感知与物联网管控关键技术和装备	浙江大学宁波理工学院、浙江大学、宁波市海洋与渔业研究院
15	37500 立方米双燃料液化乙烯气体运输船（CamelE）自主研制	江南造船（集团）有限责任公司
16	轨道交通无线通信专网关键技术及应用	上海应用技术大学、上海申通地铁集团有限公司、通号通信信息集团上海有限公司、上海三吉电子工程有限公司、广脉科技股份有限公司
17	面向轨道交通多业务融合的无线宽带通信关键技术研究与应用	上海申通地铁集团有限公司、华为技术有限公司、锐捷网络股份有限公司、上海大学、同济大学
18	主动交通安全的高精度位置服务关键技术及重大应用	同济大学、武汉大学、上海交通大学、上海环亚保险经纪有限公司、奕人（上海）科技有限公司、武汉六点整北斗科技有限公司
19	货运飞船高效货物运输保障技术	四川航天系统工程研究所、四川航天技术研究院、北京空间技术研制试验中心
20	工业供应链智能物流管理研究与应用	电子科技大学、宏图物流股份有限公司、四川农业大学、西南科技大学、西南交通大学
21	特色蔬菜绿色保鲜及数字化供应链技术创新与应用	四川省农业科学院农产品加工研究所、四川康源农产品有限公司、四川瑞斯佳宴科技有限公司、四川省农业科学院
22	物联网感知层弱信号检测技术及应用	吉林大学、中电科仪器仪表有限公司、北京交通大学、长春理工大学
23	异构网络能效优先网络部署与物联网技术的研究与应用	吉林大学、吉林省禹德信息科技有限公司、吉林联丰通信技术服务有限公司
24	异构物联网安全融合关键技术及产业化应用	江苏大学、大全集团有限公司、清华大学、南京烽火星空通信发展有限公司、西安电子科技大学
25	基于龙芯和自主协议的通用物联网系统及行业应用	南京龙渊微电子科技有限公司、江苏海事职业技术学院、河海大学、南京邮电大学、淮安龙渊农业科技有限公司
26	面向物联网应用的 MEMS 技术压力传感器研制及应用	江苏奥力威传感高科股份有限公司、西安交通大学

序号	获奖成果	主要完成单位
27	模块化大型精密高速运输装备创新设计及应用	江苏理工学院、江苏海鹏特种车辆有限公司
28	移动互联环境下城市道路交通智能主动管控关键技术及应用	东南大学、江苏智通交通科技有限公司、江苏网进科技股份有限公司
29	非公路宽体矿用自卸车关键技术研究及产业化应用	扬州盛达特种车有限公司、潍柴动力股份有限公司、江苏大学、潍柴动力股份有限公司上海分公司
30	多域物联网安全服务关键技术及应用	西安电子科技大学、中国电子技术标准化研究院
31	车载智能终端物联感知与接入关键技术及其产业化	长安大学、中兴通讯股份有限公司、深圳市金溢科技股份有限公司、陕西汽车控股集团有限公司、中国联通网络通信有限公司陕西省分公司
32	大件运输综合业务管理系统暨通行桥梁快速评估、监测预警成套技术	陕西高速公路工程试验检测有限公司、陕西交建公路工程试验检测有限公司
33	车联网的车载系统关键技术及信息安全评估方法研究与应用	西安邮电大学、电信科学技术第十研究所有限公司、中国信息通信研究院
34	安全高效矿用架空乘人装置及其物联网管控系统	湘潭市恒欣实业有限公司、佛山科学技术学院、韶山恒旺电气有限公司、湖南科技大学
35	面向不确定环境的供应链优化新方法	国防科技大学
36	基于物联网的生态农业大棚智能控制关键技术的应用推广	怀化学院、成都百速物联网科技有限公司
37	面向物联网大数据的智能服务平台关键技术及应用	北方工业大学、北京易华录信息技术股份有限公司、中国科学院软件研究所、北京华夏星云网络科技有限公司
38	新能源汽车车联网大数据系统关键技术及国家监管体系建设	北京理工大学、北京新能源汽车股份有限公司、北京理工新源信息科技有限公司、中国汽车工程研究院股份有限公司
39	人与车联智能网联汽车控制及预警系统	辽宁科大物联科技有限公司
40	城市公交大数据智能计算关键技术与应用	天津大学、天津通卡智能网络科技股份有限公司、河北工业大学、南开大学
41	果蔬贮运微环境气体调控绿色保鲜技术研究与应用	国家农产品保鲜工程技术研究中心（天津）、贵阳学院、海南大学、宁波国嘉农产品保鲜包装技术有限公司
42	天津市生鲜乳运输车监管信息系统推广与应用	天津市农业发展服务中心、天津龙洲新盾科技有限公司
43	基于实货制货运工作计划精准性研究	中国铁路昆明局集团有限公司
44	垛装物料装车托盘自动转换设备关键技术	龙合智能装备制造有限公司
45	锦纶6智能高效生产及立体仓储系统集成技术研究与应用	福建景丰科技有限公司、福建锦江科技有限公司、闽江学院
46	大型危化品储运设备安全运维关键技术研究与工程应用	福州大学、厦门市特种设备检验检测院、上海交通大学、厦门市标准化研究院

序号	获奖成果	主要完成单位
47	物联网智能抗干扰技术及其应用	厦门大学、厦门盈趣科技股份有限公司、京信通信系统（中国）有限公司、厦门盈趣汽车电子有限公司
48	柔性智能物流分拣系统关键技术及应用	安徽省一一通信息科技有限公司
49	基于智能包裹柜的邮政综合物流服务平台	中国邮政集团公司广州市分公司、华南师范大学
50	EC35 电动物流车	重庆瑞驰汽车实业有限公司、重庆邮电大学、重庆小康工业集团股份有限公司、重庆大学
51	基于企业关系网络的供应链协作云服务平台及应用	山东大学、山东山大华天软件有限公司、济南大学

1. 获奖项目大部分是应用研究与产业化项目

2019 年获奖项目多数涉及物流技术应用研究与产业化，主要是围绕当地物流业发展中急需解决的关键、共性技术，以及重点、难点问题，组织科技攻关取得的成果，强调创新性、实用性和前瞻性，具有明显的经济效益和社会效益，显示了科学技术在促进物流业发展中的支撑和引领作用。

2. 物流类高等学校、科研院所占主体地位

物流类高等学校、科研院所的科学研究水平较高，其研究成果整体上达到国内先进水平。2019 年，物流类高等学校、科研院所参与完成的物流成果 39 项，占物流类成果获奖项目总数的 75.0%，比上年增加 32 个百分点。

3. 企业创新主体地位凸显，产学研协同创新成果占比高

52 项物流类成果获奖项目中，企业参与的获奖成果有 42 项，占 80.8%，表明各省/自治区/直辖市通过政策引导与推动、项目扶持等方式，引导创新资源向物流企业聚集，促进物流企业加强自主创新。物流企业创新能力持续增强，已逐步成为技术创新的主体。此外，52 项物流类成果获奖项目中，企业、高等学校、科研院所产学研协同创新项目有 12 项，约占 23.1%。由此可见，获奖成果立足行业和企业发展实际，把握发展趋势和要求，紧扣我国物流行业、企业发展的突出矛盾和关键问题，践行"产学研相结合"方针。产学研相结合是物流企业与科研院所、高等学校共同实现社会效益和经济利益的重要途径。通过这种结合，物流企业可加速技术创新的步伐，建立物流技术差异化竞争优势，高等学校和科研院所也可加速科技优势向产业优势的转化。

2.3.2.2 教育部高等学校科学研究优秀成果奖（科学技术）

高等学校科学研究优秀成果奖（科学技术）分设自然科学奖、技术发明奖、科学技术进步奖、科学技术进步奖（推广类）和专利奖。自然科学奖为在自然科学基础研究和应用基础研究领域内取得的发现、阐明自然现象、特性和规律的科学研究成果；技术发明奖为利用自然规律首创的科学技术成果；科学技术进步奖为自然科学应用技术方面的研究成果；专利奖为专利技术实施后取得了显著效益的科学技术成果。高等学校科学研究优秀成果奖（科学技术）面向全国高等院校，每年评审一次。2011—2019 年教育部高等学校科学研究优秀成果奖（科学技术）数量基本保持平稳（见表 2–29）。其中，物流类成果获奖项目一共 9 项（见表 2–30）。

表 2–29　　　2011—2019 年教育部高等学校科学研究优秀成果奖（科学技术）数量　　　单位：项

获奖情况	年份									总计
	2011	2012	2013	2014	2015	2016	2017	2018	2019	
全部授奖项目	285	293	315	294	293	302	319	313	305	2719
自然科学奖	101	99	123	129	117	114	130	132	120	1065
技术发明奖	28	49	59	43	45	61	37	54	49	425
科学技术进步奖	148	140	124	117	123	117	144	122	136	1171
科学技术进步奖（推广类）	7	5	8	3	7	9	8	5	0	52
专利奖	1	0	1	2	1	1	0	0	0	6
物流类成果获奖项目	0	1	0	1	2	1	1	2	1	9

表 2–30　　　2011—2019 年教育部高等学校科学研究物流类优秀成果（科学技术）

证书编号	奖项名称	等级	项目名称	主要完成单位
2019–195	科学技术进步奖	1	特色果蔬精准物流保鲜关键技术研究与应用	浙江大学、宁波大学、天津科技大学、天津捷盛东辉保鲜科技有限公司、国家农产品保鲜工程技术研究中心（天津）、宁波王龙科技股份有限公司
2018–010	自然科学奖	1	大城市复杂交通流特性分析及管控策略研究	北京交通大学
2018–073	自然科学奖	2	复杂环境下交通系统运行可靠性与网络演化研究	大连理工大学、大连海事大学、中国矿业大学、南京大学、北京交通大学
2017–209	科学技术进步奖	1	多传感器信息融合的智能集装箱物流安全监控关键技术及系统	广东工业大学、中国国际海运集装箱（集团）股份有限公司、深圳中集智能科技有限公司
2016—039	自然科学奖	1	基于供应链创新的决策问题研究	中国科学技术大学
2015–278	科学技术进步奖	2	电子商务数据处理平台关键技术研究及应用	南京财经大学、南京大学、焦点科技股份有限公司、江苏苏宁易购电子商务有限公司
2015–192	科学技术进步奖	1	内河交通运行状态监控与服务关键技术研究及应用	武汉理工大学、长江航道局、长江三峡通航管理局、中国交通通信信息中心、江苏省交通规划设计院股份有限公司、交通运输部水运科学研究所、武汉中原电子集团有限公司、长江海事局信息中心、武汉因博信息技术有限公司

证书编号	奖项名称	等级	项目名称	主要完成单位
2014－134	技术发明奖	1	钢铁生产与物流调度关键技术及应用	东北大学
2012－228	科学技术进步奖	2	基于 SaaS 模式的物流软件服务平台研究与应用	东南大学、武汉理工大学、南京丁家庄物流中心有限责任公司、南京医药股份有限公司

（1）高等学校物流领域研究成果在科学上取得了突破性的进展，科研成效显著。9 项获奖成果中，6 项获得自然科学奖/科学技术进步奖一等奖的荣誉。获奖成果具有现实性、针对性和较强的决策参考价值，着力推出体现行业水准的研究成果。表明目前高等学校物流领域科研成效显著，科研水平进步明显；物流研究在学术上为国内同类研究的领先水平，并为学术界所公认和广泛引用。

（2）获奖成果体现研以致用。9 项获奖成果中，5 项是由高等院校与物流企业合作完成，获奖成果强调实用性，对物流实践发展具有参考或指导价值，或对我国现代物流理论发展、学科体系和政策法规体系建设具有促进作用。

2019 年获科学技术进步奖一等奖的项目"特色果蔬精准物流保鲜关键技术研究与应用"，已授权专利 36 件，其中美国发明专利 3 件、中国发明专利 24 件、实用新型专利 9 件；发表论文 106 篇（其中 SCIE 收录论文 47 篇）；研究生论文 32 篇。在浙江、山东、北京、天津、河北、宁夏、辽宁、四川、新疆 9 个省（直辖市、自治区）推广应用，取得了显著的社会经济效益，显示出巨大的应用潜力和广阔的推广前景。

2017 年的"多传感器信息融合的智能集装箱物流安全监控关键技术及系统"项目累计申请发明专利 53 项，其中授权 32 项，获软件著作权 16 项，发表 SCIE 收录论文 20 余篇，制定国家标准多项。

2015 年的"内河交通运行状态监控与服务关键技术研究及应用"成果制定了 3 项国家行业标准，获得授权发明专利 9 项、公开 17 项，获得软件著作权 53 个，发表高水平论文 140 余篇，成果已在 8 项内河交通运行监控与服务信息化工程中实施，已广泛应用于航运、航道、海事等部门和单位，取得重大的经济效益和社会效益。

2.3.2.3 教育部高等学校科学研究优秀成果奖（人文社会科学）

1995 年，教育部设立了中国高校人文社会科学研究优秀成果奖。2008 年，经国务院批准，更名为"高等学校科学研究优秀成果奖（人文社会科学）"。该奖项每三年评选一次，迄今已成功评选了 8 届，共有 5751 项优秀成果获奖。由于组织严密、程序公正，历届获奖成果都具有较高的公信力和影响力，高等学校普遍将其视为哲学社会科学领域的最高奖项。

该奖项分为著作、论文和研究咨询报告三类，按一级学科设立一等奖、二等奖、三等奖，根据需要设立特等奖、荣誉奖或其他奖项。高等院校文科系统是中国社会科学研究的主体力量，其授奖的优秀成果反映了中国高教文科系统社会科学研究的水平。

2011—2019 年共评选了两届教育部高等学校科学研究优秀成果奖（人文社会科学）。据表 2 - 31 可以看出，获奖成果数量逐届增加，第八届比上届增加 69.3%，其中物流类成果数量相当。

表 2 - 31　　2011—2019 年教育部高等学校科学研究成果奖（人文社会科学）获奖情况　　单位：项

	第八届（2014—2016 年）	第七届（2011—2013 年）	合计
获奖合计	1537	908	2445
一等奖	162	50	212
二等奖	827	251	1078
三等奖	326	596	922
普及读物奖	20	11	31
青年成果奖	202	0	202
物流类成果	8	9	17

2011—2019 年两届已评选的获奖项目中，共有 17 项物流成果获得教育部高等学校科学研究优秀成果奖（人文社会科学），其中 8 项著作奖、9 项论文奖。由表 2 - 32 可知，获奖成果主要从经济学、管理学以及交叉学科的视角关注以供应链管理为基础的现代物流理论发展，探讨适合本国和本地区物流产业、企业物流及其现代物流系统形成与演化过程中的内在机制及影响因素。

表 2 - 32　　2011—2019 年教育部高等学校科学研究成果奖（人文社会科学）物流类成果

序号	项目名称	获奖类别	备注
1	Impact of RFID technology on supply chain decisions with inventory inaccuracies		
2	Analysis of the bullwhip effect in two parallel supply chains with interacting price – sensitive demands	管理学（论文奖）	
3	Service Channel Choice for Supply Chain：Who is Better Off by Undertaking the Service？		
4	Supply Chain Optimization in Transformation and Upgrading of Enterprises：Theories and Methodology		第八届（2014—2016 年）
5	Contract Analysis and Design for Supply Chains with Stochastic Demand	管理学（著作奖）	
6	集装箱港口运作管理优化问题研究		
7	中国鲜活农产品流通体系演化研究	经济学（著作奖）	
8	农村公共产品供给问题论：基于新供给经济学的效率问题再认识	交叉学科（著作奖）	

序号	项目名称	获奖类别	备注
9	综合交通运输体系研究——认知与建构	经济学（著作奖）	
10	供应链企业间知识共享的市场机制	管理学（著作奖）	
11	Risk Management of Supply and Cash Flows in Supply Chains		
12	Modeling intermodal equilibrium for bimodal transportation system design problems in a linear monocentric city	经济学（论文奖）	
13	The Effectiveness of Online Shopping Characteristics and Well-Designed Websites on Satisfaction		第七届（2011—2013 年）
14	A Decision Method for Supplier Selection in Multi-service Outsourcing		
15	Operational Causes of Bankruptcy Propagation in Supply Chain	管理学（论文奖）	
16	Double marginalization and coordination in the supply chain with uncertain supply		
17	A multi-objective optimization for green supply chain network design		

2.3.3　社会力量奖励项目视角下的物流科研现状分析

2002 年，经国家科技部批准，中国物流与采购联合会成功申请"中国物流与采购联合会科学技术奖"，目的在于大力推动物流科技创新，使中国现代物流走上科技主导、运行高效、人力资源优势得到充分发挥的科学发展道路。该奖项是国家科技部授权，由中国物流与采购联合会负责主办的面向全国物流行业开展的科技奖项，也是国内物流行业申报国家科学技术进步奖的主渠道。

该奖项目前设有"中国物流与采购联合会科学技术进步奖"和"中国物流与采购联合会技术发明奖"两个奖项，每年评选一次。主要奖励在全国物流与采购以及生产资料流通领域中的技术发明成果、科技进步的应用开发成果、实现科技成果转化的推广应用成果、软科学研究成果、标准化工作研究成果、著作教材以及科普类作品。

2003—2019 年，"中国物流与采购联合会科学技术奖"获奖项目数量稳步增长，一共评选了 1564 项科学技术奖，其中科学技术进步奖 1535 项、技术发明奖 29 项。在奖项不断增加、质量不断提高的情况下，相应奖项的设置也应该有所革新，力求通过该奖建立物流科技理念，实现物流领域各环节、各方面的联动与创新，推动物流科技在全行业的广泛应用。从图 2-11 可以看出，近十年来，获奖项目数量基本呈现持续增长趋势，2014 年、2016 年、2018 年获奖项目数量上升迅猛，分别与《物流业发展中长期规划（2014—2020 年）》《商务部关于促进商贸物流发展的实施意见》《全国电子商务物流发展专项规划（2016—2020 年)》《"互联网＋"高效物流实施意见》等政策密集出台有关。

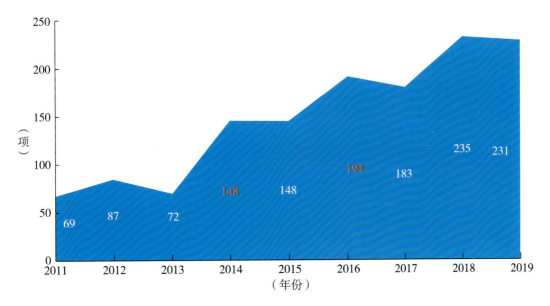

图 2 - 11　2011—2019 年中国物流与采购联合会科学技术奖获奖项目数量

随着国务院部署推进"互联网＋高效物流"战略，以现代信息技术为标志的智慧物流成为物流业供给侧结构性改革的先行军，以电商物流为排头兵，物流行业催生出各种新的商业模式和业态。同时科技创新助推下，传统物流如何借助新思维、新技术、新装备推进"互联网＋物流"模式创新，推动各种物流方式的新旧业态加快融合，增加优质服务供给成为大家关注的焦点。

2019 年，经网评和会评共选出中国物流与采购联合会科学技术奖 231 项，较 2018 年下降 1.7%。其中科学技术进步奖一等奖 34 项，二等奖 74 项，三等奖 117 项；科学技术发明奖二等奖 1 项，三等奖 5 项。获奖项目围绕整个物流行业科技发展、智慧发展，聚焦物流行业发展存在的问题，优化行业生态，降本增效提升物流综合服务能力，支持发展第三方物流，推进物流车辆、设施器具等标准化、信息化和智能化，推动物流行业新模式、新业态发展，实现跨部门、跨企业的物流管理、作业与服务信息的共享，提高全链条运行效率。

科学技术引领现代物流快速发展，物流科技的核心就是互联网技术，主要体现在自动化、智能化和数字化。2019 年的 231 项获奖成果中，89 项成果涉及物流自动化、智能化和数字化，占总获奖数量的 38.5%。通过智慧化提高物流效率和物流运行的质量，把握物流科技发展新态势，确立物流科技创新的新蓝图，才能真正从一个物流大国变成一个物流强国。

借助互联网平台实时、高效、精准的优势，"互联网＋高效运输"通过搭建互联网平台，实现货运供需信息的在线对接和实时共享；"互联网＋智能仓储"完成仓储信息的集成、挖掘、跟踪与共享；"互联网＋便捷配送"搭建城市配送运力池，开展共同配送、集中配送、智能配送等先进模式，能有效解决"最后一公里"的痛点；"互联网＋智慧物流"实现全程透视化；"互联网＋供应链一体化"通过数据协同实现更大范围的供应链协同。2019 年获奖成果聚焦仓储、运输和配送领域的创新技术、创新产品、系统集成及解决方案，共 106 项，占总获奖数量的 45.9%；基于大数据、云平台、物联网物流解决方案为 37 项，占总获奖项目的 16.0%。由此可见，新技术及热门前沿技术更多的应用于物流领域，通过物联网、大数据、人工智能等信息技术，实现物流各个环节内的系统感知、全面分析及处理等功能，进而实现物流效率的提升。

2.4　物流领域科学研究发展趋势分析

当今世界经济发展迅速，已经由传统的要素驱动变成了创新驱动，世界各个国家每年投入大量研发经费推动科技创新与进步。而了解物流领域的研究前沿和发展趋势，有助于明确物流发展的新兴领域和前沿态势，提早进行物流领域科学研究战略布局。本节在前文分析的基础上，从基金、文献、科研成果获奖三个方面进行调查，结合"十四五"国家物流行业发展规划及发展重点，试图揭示和分析物流领域研究的发展趋势，以期为我国物流研究提供参考。

1. 物流、供应链与制造业的结合是永恒的主题

无论是从 NSF 资助物流项目研究计划分析，还是从国内三大基金视角来看，物流业与制造业协同发展研究、供应链与制造生产总是占据主流；从 SCIE 和 SSCI 收录的物流类论文来看，再制造、供应商选择、智慧工厂等制造业相关的关键词总是和物流、供应链如影随形。

伴随新一轮产业革命以及中美贸易摩擦，全球产业布局和全球供应链格局均将发展重大调整。《中国制造 2025》将推动我国的制造业加速向智能化、高端化、精细化发展，对于供应链可视化、协同化、全球化和高稳健性的要求越来越高。作为生产性服务业的重要组成，物流业将在提升制造业核心竞争力方面发挥更加重要的作用。未来这种趋势将进一步驱动物流业与制造业深度联动融合发展。因此，物流、供应链与制造业的结合研究热度在"十四五"时期仍然不会减退，相关研究主题或将成为物流科技学术领域永恒的主题。

2. 供应链风险、应急物流将成为未来的研究重点之一

从三大基金物流相关立项项目分析中可见，近 3 年来，供应链风险与应急管理竞争加剧，相关研究项目增加。特别是近年来企业不仅关注自己利润的最大化，而且注重重大事件（如生产事故、自然灾害、恐怖袭击等）的发生给企业在供应链管理中造成巨大影响以及所面临的各种风险。不仅在国内，NSF 近 3 年也越来越多地关注自然灾害等对物流的影响。而以 SCIE、SSCI 数据库中物流领域的论文作为数据分析也可以发现，"Uncertainty"出现频次不断增加，表明物流学术论文中对于不确定性的关注与日俱增。

再联系到当下的社会环境，随着境外新冠肺炎疫情蔓延，全球供应链体系遭受重大冲击和

影响。新冠肺炎疫情对后疫情时代的地缘政治、全球经济发展都会产生非常重要的影响，各国对于增强供应链的弹性和韧性、分散风险、提升供应链物流的"免疫力"有了更深刻认识。物流科技学术领域必将在一段时间内重点关注供应链风险、应急物流。

3. 新基建与智慧物流的结合研究将成为新热点

在近几年的国家级以及省部级物流科技获奖项目中，物流成果较多地集中在信息与通信技术在交通或物流系统领域的应用、智能物流设备、"互联网＋物流"模式创新；"十三五"时期，中国物流学会、中国物流与采购联合会的1360项立项课题中，157项课题与智慧物流直接相关；在三大基金项目中，数据驱动物流智能协同优化也成为"十三五"时期的热点；SCIE、SSCI数据库中物流领域的论文里新出现的关键词也体现了更智慧的物流发展需求。因此，智慧物流已经具备一定的研究基础，且热度还有增加的趋势。

智慧物流要求更多新技术比如5G、物联网、区块链的落地和应用。新基建正是以新发展理念为引领，以技术创新为驱动，以信息网络为基础，面向高质量发展需要，提供数字转型、智能升级、融合创新等服务的基础设施体系。5G、物联网、工业互联网、人工智能、大数据、云计算、区块链等为代表的新技术基础设施都是重要组成部分。在"十四五"时期，物流项目融合新基建，与供应链上下游结为利益共同体，将纳入国家和地方重大项目投资计划。新基建必将推动智慧物流的落地和发展。与此同时，新基建与智慧物流的结合研究将成为我国物流科技学术研究新热点。

4. 城市物流仍然是研究热点，但内涵已悄然变化

从三大基金物流相关立项项目分析中可见，近3年，以城市物流为研究对象的立项数量占比较大；在"十三五"时期中国物流学会、中国物流与采购联合会立项的物流类课题中，城市物流配送系统以及新型服务模式等相关研究也占很大比重；SCIE、SSCI数据库中物流领域论文关键词中智慧城市（Smart City）等也体现着城市物流的关注度。事实上，城市物流在2013年的《中国物流科技发展报告》中就已经被认定为研究热点，但其研究的具体内容却已经发展了变化。

"十二五"时期，城市物流研究不断增加，体现了与"通行难""停车难"等各大城市普遍存在的问题形成的"配送难"的矛盾局面。物流仓储、物流设施布局、评价的理论或方法是研究焦点。而"十三五"时期，尤其是近3年，基于物联网的城市物流平台建设、配送路径优化等信息技术及大数据等热门技术在物流领域的应用，以及城市物流环境效应、数据驱动城市物流智能协同优化等成为主流；对于共享终端配送、动态配送等前沿技术也已有涉及。"十四五"期间，城市消费业对物流行业既有的仓储、运输等传统物流需求量跟随产业发展不断增长外，人口结构、消费习惯、便民类服务带来的物流需求变化对城市物流发展的影响将更为显著，因此，即时物流、共享技术等将是城市物流中更被关注的内容。

5. 农村物流仍将是中国物流科技学术领域的特色话题，与电商物流的结合更加紧密

与发达国家不同，中国城乡二元经济特征明显，与城市物流相对应的农村物流问题，仍将是中国物流学术界长期关注的热点。电商巨头们的业务从一、二线城市开始，慢慢向三、四线及以下城市发展，再向乡村深入。在下沉业务布局的同时，不少电商巨头开始了更为实际的布局——加速物流网络建设，这使得学界所关注的农村物流问题不再局限于农产品物流问题，而是扩大到了农村物流配送体系、仓储体系等农村物流网络体系的建设相关问题，这一点也在各级物流科研成果的奖励、基金项目的支持上得到了印证。虽然我国城市常住人口已经突破总人口的60%，但国家"十四五"规划纲要中也指出，城市人群也出现反向"归田"的意愿，城市、城镇、乡村发展迎来新的机遇，因此，城市物流和农村物流将成为中国物流领域两大热点，在相当长一段时间内并驾齐驱。

6. 绿色物流、可持续供应链还将长期成为学术热点

从SCIE、SSCI数据库中物流领域论文研究主题来看，绿色物流、可持续发展一直是学者们不断关注和深入的研究主题，可持续性在近3年已成最高频关键词；"十三五"以来，以绿色物流为研究对象的三大基金共计立项25项，绿色物流概念已提出多年，但至今尚未形成统一定义；"十三五"期间，中国物流学会、中国物流与采购联合会立项课题中绿色物流相关课题达67项；但在各级科研成果奖励中，绿色物流相关项目还鲜有踪迹，绿色物流、可持续供应链研究尚未成熟。

"十二五"时期和"十三五"时期，我国的生态文明建设取得了世人瞩目的成绩。"十四五"时期，我国的生态文明建设特别是绿色生产和绿色生活的深度转型，将站在新的起点，面对新的任务和挑战，开启新的征程。在国家绿色供应链体系的建设中，绿色物流、可持续供应链相关问题将成为学术热点。

物流行业
典型技术专利发展态势 3

目前，物流领域存在用户信息泄露、信息孤岛、信息造假以及跨境电商结算手续繁杂等行业痛点。而区块链技术具备分布式、防篡改、高透明和可追溯的特性，可以大幅提高贸易和物流的透明度、安全性。

专利作为技术研发最重要的成果表现形式，被认为是挖掘新兴技术信息最好的数据来源。本章以区块链技术的专利为研究对象，通过挖掘区块链专利的发展趋势、专利市场布局、热点技术领域、重要专利等信息，协助相关企业确定研发主题和方向，避免重复研发；辅助企业认清本行业技术发展趋势、核心专利分布，评估具有吸引力的技术；帮助企业寻找合作伙伴，掌握竞争对手的现状，评估竞争对手在不同技术领域的优势等，并为我国区块链技术路线的规划和相关产业政策的制定提供参考，最终达到助力中国物流科技进步和物流产业发展，提升中国物流业国际竞争力的目的。

3.1 区块链概念及应用

3.1.1 区块链概念

区块链起源于比特币（Bitcoin），2008 年 11 月 1 日，中本聪（Satoshi Nakamoto）发表的《比特币：一种点对点的电子现金系统》阐述了基于 P2P（Peer to Peer）网络技术、加密技术、时间戳技术、区块链技术等的电子现金系统构架理念，标志着比特币的诞生，"区块链"的概念首次被提出。

近年来，世界对比特币的态度起起落落，但作为比特币底层技术之一的区块链技术日益受到重视。从科技层面来看，区块链涉及数学、密码学、互联网和计算机编程等很多科学技术。从应用视角来看，区块链是一个分布式的共享账本和数据库，具有去中心化、不可篡改、全程留痕、可以追溯、集体维护、公开透明等特点。这些特点保证了区块链的"诚实"与"透明"，为区块链创造信任奠定基础。而区块链丰富的应用场景，基本上都基于区块链能够解决信息不对称问题，实现多个主体之间的协作信任与一致行动。一般来说，区块链系统由数据层、网络层、共识层、激励层、合约层和应用层组成，其核心技术主要包括分布式账本、非对称加密、共识机制、智能合约等。

3.1.2 区块链在物流领域的应用

区块链能够有效去中心化、降低信任成本，因此物流被认为是区块链技术有可能落地的领域之一。区块链技术在物流行业的应用主要包括三个方面，分别是物流征信、物流溯源、物流金融。

（1）物流征信。物流产业供应链上由于涉及多方主体参与，且跨度大、范围广，往往存在诸多不信任关系和场景。同时，每个环节的信息孤立存在各自系统中，导致取证、解决矛盾非常艰难。而区块链可以承担多方合作的连接体，在不泄露原始数据的情况下，上报失信结果，供联盟体查询。

区块链可以让电子数据的生成、存储、传播和使用全流程可信。用户可以直接通过程序，将物流各环节操作行为全流程记录于区块链，比如电子运单、电子仓单、电子提单、电子合同等应用，使用区块链电子存证可以大幅提高效率，同时节省成本。此外，监管机构可以建立一套行业信用评级标准。物流行业信用评级标准需要行业内的企业共同参与，通过智能合约编写评级算法，并发布到联盟链中，利用账本上真实的数据来计算评级结果。2019 年 4 月 17 日，天津口岸区块链验证试点项目正式上线试运行，这是区块链技术首次与跨境贸易各业务环节应用系统进行结合。另外，新加坡海关也通过区块链技术与第三方实现数据共享，有效防止通关中伪瞒报和贸易融资中的欺诈行为。

（2）物流溯源。尽管我国传统物流行业近几年成长迅速，但依然存在一些问题没有得到解决，例如效率低、经常出现丢包爆仓现象、错领误领、信息泄露、物流业务长链条中资源没有充分利用。区块链电子签名赋能于物流行业，可以解决物流单据票据错配、管理烦琐、效率低下等痛点。依靠区块链技术，能够真实可靠地记录和传递资金流、物流、信息流，可以对产品进行溯源，将每一个产品的原材料供应商、完整加工工艺流程、品质信息、加工设备编号、负责人的信息等全部通过区块链上链。装载、运输、取件整个流程清晰可见，供应链上的各单位都可以清楚明晰地了解到货品生产的真实状况。在源头真实的情况下，区块链可以保证上链后的信息不可篡改。

目前，区块链的物流溯源功能已在烟酒行业开展应用，如苏宁平台与茅台区块链已经实现了溯源同步进行，实现一物一码，并通过串码关联，跟踪每瓶茅台从厂家采购入库到销售的全流程。

（3）物流金融。区块链技术还可以帮助解决供应链上的中小微企业融资难问题。近年来，我国物流行业处于持续、快速的发展阶段，一批具备较强供应链管理能力的物流企业迅速崛起。然而，供应链上的物流企业大多是中小微企业，企业的信用评级普遍较低，很多企业没有得到信用评级，难以获得银行或其他金融机构的融资贷款服务。

而区块链技术在物流行业的应用，使得物流商品具备了资产化的特征，有助于解决上述问题。区块链技术可以将信息化的商品价值化、资产化，主要是因为区块链技术所记载的资产不可更改，不可伪造。而固定了商品的唯一所有权，可以使得所有供应链中的商品可追溯、可证伪、不可篡改，实现物流商品的资产化。利用区块链基础平台，可使资金有效、快速地进入物流行业，从而改善中小企业的营商环境。

另外，物流与供应链体系的信任数据能够通过区块链进行追溯、存证，有助于银行或其他金融机构为企业提供融资贷款业务时进行参考。供应链金融作为典型的多主体参与、信息不对称、信用机制不完善、信用标的非标准的场景，与区块链技术有得天独厚的契合性。区块链技术支持供应链金融大多是以联盟链的形式进行，基于信息的不可篡改，一定程度的透明化，以及信用的分割流转对整个供应链金融体系赋能。现阶段主要的应用场景在应收账款，作为打通供应链金融多方主体的工具，区块链推动了各主体间的协作，更有利于对底层资产的穿透式监管，同时建立新的信用、资产评级体系，促进供应链金融产品的发行。简单地说，即通过区块链把核心企业在资金方的授信，根据应付账款发行为链上通证，之后根据真实的贸易链条将通证进行拆分后向上支付，让链条上的小微企业也能获得资金方的金融服务。

3.2 区块链全球专利分析

基于 IncoPat 全球专利数据库，利用区块链的主题词和 IPC 分类号制定专利检索策略（见表 3−1）。由于区块链相关概念最早于 2008 年提出，限定申请日期为 2008 年 1 月 1 日至 2019 年 12 月 31 日（检索日期：2020 年 7 月 7 日）。根据表 3−1 的检索策略进行检索，通过申请号合并去重，获得全球区块链技术相关专利 14972 件（专利族）。将上述专利数据的申请日、分类号、发明人、标题、专利权人等著录信息以统一格式导入数据分析软件 Derwent Data Analysis（DDA）中，对专利申请人、优先权国家等字段进行数据清洗、筛选和整理后，从专利申请量、专利申请人、专利布局、核心专利、技术领域等方面进行深入挖掘分析，全面掌握区块链领域的专利现状和发展态势。

表 3−1 区块链技术专利检索策略

序号	检索式
S1	AD =〔20080101 to 20191231〕
S2	IPC =（H04 OR G06 0R G09 OR G07 OR G16 OR G08 OR G01D OR G05B）
S3	TIAB =（"Block chain" OR Blockchain OR Block−chain OR Genesis Block OR "Super chain" OR 区块链 OR 超块链 OR 联盟链 OR 公有链 OR 私有链 OR 创世块）
S4	TIAB =（以太币 OR 以太坊 OR 比特币 OR 比特股 OR 加密货币 OR 瑞波币 OR 电子币 OR 名币 OR 元币 OR 莱特币 OR PP 币 OR 对等币 OR 替代币 OR 黑暗币 OR 雨燕币 OR 字节币 OR G 币 OR 崛起币 OR 狗狗币 OR 羽毛币 OR 优质币 OR 极光币 OR 民族币 OR 罐子币 OR 绿币 OR 代币 OR 门罗币 OR Z 币 OR 德信币 OR 科尔达诺 OR 哈希现金 OR 零币 OR Trezor 钱包 OR Ethereum OR Bit-coin OR BitUSD OR Bitshares OR Cryptocurrency OR Ripple OR E−cash OR Namecoin OR Metacoin OR Coin−join OR Litecoin OR PPcoin OR Peercoin OR Peer−coin OR Altcoin OR Darkcoin OR Swiftcoin OR Bytecoin OR Gridcoin OR Emercoin OR Dogecoin OR Feathercoin OR Primecoin OR Auroracoin OR Maza-coin OR Potcoin OR Vertcoin OR Alternative Coin OR Monero OR Zcash OR Decred OR Cordano OR Hashcash OR Zerocoin OR "Trezor wallet"）

序号	检索式
S5	TIAB＝（"Smart Contract" OR "Intelligent Agreement" OR Proof－of－work OR "Proof of work" OR "Proof of stake" OR "Proof－of－stake" OR 智能合约 OR 智能协议 OR 共识机制 OR 权益证明）
S6	TIAB＝（分布式记账 OR 分布式账本 OR 分布式总账 OR 分布式分类账 OR 公开总账 OR 全民记账 OR 竞争记账 OR（分布式 OR DISTRIBUTED）（2W）（账 OR LEDGER））
S7	TIAB＝（（虚拟 OR 数字 OR 电子 OR 分布式 OR Shared OR Virtural OR Digital OR Electronic* OR Distributed）（2W）（账本 OR 货币 OR 钱 OR 资产 OR 交易 OR Ledger OR Money OR Cash OR Currency OR Asset OR Transaction））
S8	TIAB＝（"Mining protocol" OR 挖矿协议 OR "Mining pool" OR 矿池 OR "P2P Pool"）
S9	TIAB＝（时间戳 OR 默克尔树 OR 莫克尔树 OR 简单支付验证 OR Timestamp OR "Time stamp" OR "Merkle Patricia Tree" OR "Merkle Tree" OR Merkletree OR UTXO OR "Unspent Transaction Outputs"）
S10	TIAB＝（去中心 OR 弱中心 OR 多中心 OR 去中介 OR DECENTRALIZED OR "Feeble center" OR "Weak center" OR Multicenter OR Polycentric OR（对等 OR 点到点 OR 点对点）（2W）（网络 OR 协议 OR 拓扑 OR 结构）OR 拜占庭容错 OR 哈希值 OR 哈希运算 OR BFT OR（Byzantine（2W）（Fault OR Tolerance OR Empire）OR Hash）
总检索式	S1 AND S2 AND（S3 OR S4 OR S5 OR S6 OR（S7 OR S8）AND（S9 OR S10）OR（S9 AND S10））

3.2.1　发展态势分析

图 3－1 展示了 2008—2019 年度区块链技术领域的专利申请量的发展趋势。由图 3－1 可知，2008—2014 年是区块链技术发展的起步阶段，该阶段的专利申请数量较少。2013 年，维塔利克·布特林（Vitali Buterin）发布了以太坊初版白皮书；2014 年年初，布特林发表了 *Ethereum White Paper：A Next Generation Smart Contract & Decentralized Application Platform* 的文章，并提出了多项创新性区块链技术。以以太坊为代表的新项目标志着区块链进入一个新的阶段，包括传统的银行和证券巨头在内，从 2014 年开始纷纷投身于如火如荼的区块链创业投资中，区块链行业应用日渐广泛。在此背景下，区块链专利申请量于 2014 年后开始快速增加，2015 年全球申请量为 293 件，2016 年全球申请量达到 893 件，2017 年、2018 年的申请量分别高达 2226 件、5790 件（考虑到专利申请公开有 18 个月的滞后期，2019 年的申请量实际上高于图 3－1 中数值，仅供参考）。中国的区块链专利申请趋势基本与全球区块链专利申请趋势保持一致。2008 年，中国区块链相关专利仅 20 件，2014 年开始快速增长，2018 年申请量达到 2583 件，约占全球申请量的 50%。随着区块链技术和行业的交流与碰撞日益加深，更多新的应用和公司将会出现，中国及全球的区块链专利申请量也将进一步增长。

图 3-1　区块链技术 2008—2019 年专利申请趋势

3.2.2　国家/地区分析

对全球不同国家或地区的专利申请量进行统计分析，可以了解专利技术在该国家或地区的发展情况，从而揭示各个时期内不同国家或地区的技术活跃度，以便分析专利在全球的布局状态，预测未来的发展趋势，为制定全球市场竞争和风险防御战略提供参考。

图 3-2 为区块链专利在全球国家/地区的分布情况。区块链技术相关专利在中国大陆、美国和世界知识产权组织（WO）布局较多。此外，韩国、欧洲专利局和日本的专利申请量分别为 1025 件、626 件和 443 件。其他主要国家和地区还包括中国台湾、加拿大、澳大利亚和印度等。

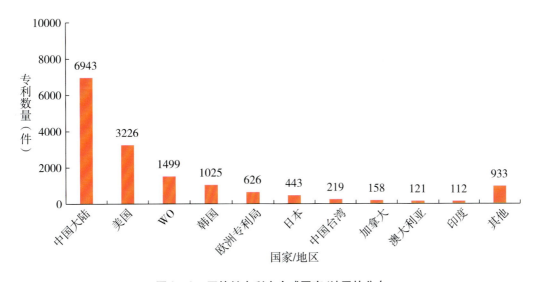

图 3-2　区块链专利在全球国家/地区的分布

表 3-2 为区块链专利全球主要国家或地区年度申请趋势。可以看出，2014 年之前，区块链

技术的专利申请以中国大陆、美国、日本和韩国为主；2014 年之后，美国、中国大陆在该技术领域的专利申请量增速明显高于其他国家或地区，特别是 2017 年开始，中国大陆在区块链技术领域的专利申请量跃居全球第一，并远超其他主要申请国家的地区。从全球范围来看，区块链技术从 2015 年开始受关注程度明显提高，技术创新处于高速发展阶段，而中国已经成为区块链技术全球创新研发高地。

表 3-2　　　　　　　区块链专利全球主要国家/地区年度申请趋势　　　　　　单位：件

国家/地区 申请年	CN	US	WO	KR	EP	JP	TW	CA	AU	IN
2008	20	28	6	12	8	20	3	6	3	1
2009	27	21	6	8	5	16	5	4	2	2
2010	31	21	3	10	8	17	2	7	2	1
2011	39	26	10	6	7	17	4	11	3	1
2012	33	32	10	13	4	15	2	7	3	0
2013	39	37	4	11	5	8	4	4	1	3
2014	59	40	6	10	7	10	2	2	1	0
2015	89	95	23	25	19	14	10	1	0	4
2016	314	270	68	62	63	44	6	14	10	1
2017	911	522	195	156	146	89	22	27	27	11
2018	2583	1257	535	572	250	159	80	51	42	32
2019	2798	877	633	140	104	34	79	24	27	56
合计	6943	3226	1499	1025	626	443	219	158	121	112

注：字母所代表意义分别为 CN（中国大陆）、US（美国）、WO（世界知识产权组织）、KR（韩国）、EP（欧洲专利局）、JP（日本）、TW（中国台湾）、CA（加拿大）、AU（澳大利亚）、IN（印度）。

3.2.3　技术领域分析

通过深入挖掘区块链专利的 IPC 分类号，可以了解区块链技术目前涉及的技术领域有哪些，其专利分布情况如何，区块链技术主要研究哪些细分技术等问题。通过统计分析，区块链专利技术领域分布如表 3-3 所示。总体来看，区块链专利目前涉及的 IPC 技术领域相对集中，主要是 H04（电通信技术）和 G06（计算、推算、技术）两个大类。从 IPC 小组来看，区块链的专利技术主要集中于 H04L29 领域（H04L1/00 至 H04L27/00 单个组中不包含的装置、设备、电路和系统），如区块链节点的通信装置、节点集群搭建装置、信息处理设备等；H04L9 领域（保密或安全通信装置）；G06Q20 领域（支付体系结构、方案或协议）、G06F21 领域（防止未授权行为的保护计算机、其部件、程序或数据的安全装置）、H04L12 领域（数据交换网络）等方面。由 IPC 技术领域可以看出，目前区块链的专利布局主要在金融、保险、电子商务、医疗、交互式视屏、交通等方面。

表3-3

区块链专利技术领域分布

序号	IPC 主分类号	IPC 分类号释义	专利数量（件）
1	H04L29	H04L1/00 至 H04L27/00 单个组中不包含的装置、设备、电路和系统	3766
2	H04L9	保密或安全通信装置	3459
3	G06Q20	支付体系结构、方案或协议	1445
4	G06F21	防止未授权行为的保护计算机、其部件、程序或数据的安全装置	965
5	H04L12	数据交换网络	646
6	G06Q40	金融；保险；税务策略；公司或所得税的处理	363
7	G06F16	信息检索；数据库结构；文件系统结构	361
8	G06Q30	商业，例如购物或电子商务	343
9	G06Q10	行政；管理	304
10	G06Q50	特别适用于特定商业领域的系统或方法，例如公用事业或旅游	198
11	G16H10	专门用于加工或处理患者相关医疗或保健数据的 ICT	167
12	H04W4	专门适用于无线通信网络的业务；其设施	139
13	G07F17	用于出租物品的投币式设备；投币式器具或设施	137
14	H04W12	安全装置，例如接入安全或欺诈检测；鉴权，例如检验用户身份或权限；保密或匿名	135
15	G06F17	特别适用于特定功能的数字计算设备或数据处理设备或数据处理方法	113
16	G06F9	程序控制设计，例如，控制单元	111
17	H04N21	可选的内容分发，例如交互式电视，或视频点播	108
18	G08G1	道路车辆的交通控制系统	103
19	G07C9	单个输入口或输出口登记器	101
20	G05B19	程序控制系统	100

区块链专利文本聚类是根据专利文本之间的相关性或某种联系对文本集合进行分组和归类，每个分组或归类中的文本都具有相似性。文本聚类分析用于专利分组和归类，能反映出目标专利涉及主干技术领域所包含的多个技术分支，是各国专利分类普遍采用的标准。图3-3是全球区块链专利的文本聚类情况。可知，区块链专利主要聚焦在账本（Ledger）领域，包括分布式账本（Distributed Ledger）、智能合约（Intelligent Contract、Smart Contract）、加密货币（Cryptocurrency）、数字资产（Digital Asset）等主题；加密技术领域，包括加密密钥（Encrypteddata）、公钥（Public Key）、私钥（Private Key）、哈希值（Hash Value）、时间戳（Time Stamp）、数字签名（Digital Signature）、数字认证（Digital Certificate）、随机数（Random Number）等主题；区块链共识机制，包括共识数据（Consensus Data）、共同认可（Common Recognition）、投票权（Voting）、共识节点（Recognition Node）等主题；区块链网络，包括区块链节点（Blockchain Node）、网络节点（Network Node）、服务节点（Service Node）、记账节点（Accounting Node）、数据链（Data Cochain）、认证信息（Identification Information）、交易数据（Transaction

Data)、默克尔树（Merkle Tree）等主题；存储设备领域，包括数据处理（Data Processing）、存储介质（Storage Medium）、数据存储（Data Storage）等文本；以及区块链其他相关技术，包括数据分享（Data Share）、实时（Real Time）、云（Cloud）、移动终端（Mobile Terminal）、区块链平台（Blockchain Platform）、物联网设备（IoT Device）、区块链系统（Blockchain System）、管理系统（Management System）、联盟链（Alliance Chain）等主题。

图 3 - 3　全球区块链专利文本聚类

注：此图由专利分析系统自动生成，外圈字母显示不全。

3.2.4　专利申请人分析

全球区块链相关的 14972 件专利中，共计涉及 5415 个申请人。将区块链专利申请人按照其申请的专利数量进行排序，排名前 20 的申请人如图 3 - 4 所示。20 个申请人中，中国占据 10 个，美国 6 个，英国、德国、韩国、芬兰各 1 个，表明中国的申请人在区块链领域厚积薄发，逐渐成为技术引领者。其中，中国的阿里巴巴集团控股有限公司以 1052 件专利排名第 1，是排名第 2 的 Nchain 公司专利数量的 2 倍多，表明阿里巴巴掌握了大量区块链专利，成为区块链领域技术强者；IBM 公司以 374 件专利排名第 3；腾讯、中国联通分别以 307 件、190 件排名靠前；韩国的 Coinplug 公司以 124 件专利排名第 6。

专利权的地域性使得企业除了在本国申请专利外，还必须提前布局海外专利，为后续进军全球市场做好提前规划。随着越来越多的企业"走出去"，海外专利布局成为企业的迫切需求和热点问题。排名前 20 的区块链专利申请人的专利布局情况如表 3 - 4 所示。中国的 10 家企业中，阿里巴巴、腾讯、深圳壹账通、平安科技、百度、华为这 6 家企业有海外专利布局；其中，阿里巴巴在包括中国在内的 17 个国家或地区有专利申请，海外专利数量占其总专利申请量的 79.0%，表明该公司极为注重海外市场的专利布局。国外的 Nchain 公司在包括本国在内的 22 个国家或地区有专利布局，是 20 家企业中专利公开国家数量最多的企业，其海外专利占比高达 96.4%；其他国外企业也均有专利布局。对比国内外专利申请人，国外企业的海外专利布局情况整体好于国内企业，表明国内企业在专利布局意识上仍待提高。

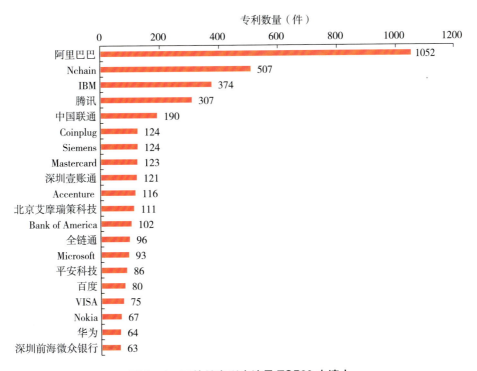

图 3-4　区块链专利申请量 TOP20 申请人

表 3-4　　　　　　　　区块链专利申请量 TOP20 申请人专利布局情况

序号	专利申请人	所属国家	公开国家数（个）	海外专利数（件）	本国专利数（件）	总专利数（件）
1	阿里巴巴集团控股有限公司	中国	17	831	221	1052
2	Nchain Holdings Limited	英国	22	489	18	507
3	IBM Corporation	美国	8	43	331	374
4	腾讯科技（深圳）有限公司	中国	7	27	280	307
5	中国联合网络通信集团有限公司	中国	1	0	190	190
6	Coinplug Inc.	韩国	7	60	64	124
7	Siemens AG	德国	7	117	7	124
8	Mastercard International Inc.	美国	13	76	47	123
9	深圳壹账通智能科技有限公司	中国	5	29	92	121
10	Accenture Global Solutions Limited	美国	9	58	58	116
11	北京艾摩瑞策科技有限公司	中国	1	0	111	111
12	Bank of America Corporation	美国	3	2	100	102
13	全链通有限公司	中国	1	0	96	96

序号	专利申请人	所属国家	公开国家数（个）	海外专利数（件）	本国专利数（件）	总专利数（件）
14	Microsoft Technology Licensing LLC	美国	14	55	38	93
15	平安科技（深圳）有限公司	中国	4	17	69	86
16	北京百度网讯科技有限公司	中国	4	7	73	80
17	VISA Int Service ASS	美国	9	61	14	75
18	Nokia Inc.	芬兰	7	67	0	67
19	华为技术有限公司	中国	5	37	27	64
20	深圳前海微众银行股份有限公司	中国	1	0	63	63

　　进一步分析排名前 20 的区块链专利申请人在主要国家和地区的专利布局情况（见图 3-5）。阿里巴巴在中国大陆、美国、韩国、欧洲专利局、日本、中国台湾、加拿大、澳大利亚和印度这几个国家和地区均有专利布局，并通过 PCT 申请了较多专利；在海外市场中，阿里巴巴看重美国和欧盟市场。Nchain 公司通过 PCT 申请的专利最多，其也在主要国家和地区均布局了专利，看重中国和美国市场。整体来看，欧洲专利局、中国、美国、日本和韩国是排名前 20 的区块链专利申请人看重的市场。

图 3-5　区块链专利申请量 TOP20 申请人主要专利布局国家/地区

3.2.5 高价值专利分析

专利价值分析对于揭示创新机构（即专利申请人）竞争力分析至关重要，专利价值越高意味着该创新机构的综合竞争力越强，反之越弱。IncoPat 全球专利数据库基于专利引用和被引频次、同族数量、权利要求数量、申请人或发明人数量、专利 IPC 分类号数量及专利许可与诉讼等要素对专利价值进行评价。利用 IncoPat 全球专利数据库对区块链技术相关专利价值评价，绘制出全球区块链专利申请量 TOP20 申请人的竞争态势（见图 3－6）。其中，横坐标为专利价值度（1～10，数字越大对应的专利价值越高），纵坐标为专利申请量 TOP20 所对应的专利申请人（申请数量沿纵坐标递减），气泡大小对应不同创新机构的专利落入不同专利价值度的数量。

由图 3－6 可知，阿里巴巴的专利申请量最多，其价值度为 9 的专利数量最多，专利数量排名第二的价值度为 3，尽管阿里巴巴有较多高价值专利，但仍有大量专利价值度较低，降低了其综合竞争力。腾讯、中国联通虽然申请的专利总量较多，但专利价值度落入 6 的专利数量最多，总体来看价值不高。Coinplug 公司、Accenture 公司和 Bank of America 公司虽然专利申请总量相对不大，但它们的专利主要分布在价值度 10 上，专利价值度明显高于其他创新机构。

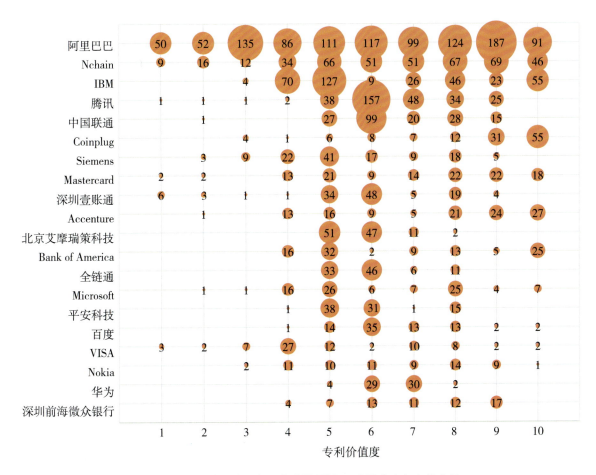

图 3－6　全球区块链专利申请量 TOP20 申请人竞争态势分析

将专利价值度为 8～10 级的专利认定为高价值专利，统计高价值专利数量在专利申请总量中的比重（见表 3-5）。阿里巴巴和 Nchain 公司的高价值专利数量排名前列。Coinplug 公司尽管专利申请数量排名第 6，但其高价值专利占比最高，达 79.0%。Accenture 公司的高价值专利占比排名第二，为 62.1%。对比进入专利申请量排行榜 TOP20 的国内外创新机构，发现：以北京艾摩瑞策科技有限公司、深圳壹账通智能科技有限公司、腾讯科技（深圳）有限公司等为代表的国内机构整体高价值专利占比低于国外机构，表明我国区块链领域的专利申请质量有待提高。

表 3-5　　　　　　　　　　　　　创新机构高价值专利数量 TOP20

序号	专利申请人	专利数量（件）	高价值专利数量（件）	高价值专利占比（%）
1	阿里巴巴集团控股有限公司	1052	402	38.2
2	Nchain Holdings Limited	507	189	37.3
3	IBM Corporation	374	130	34.8
4	腾讯科技（深圳）有限公司	307	59	19.2
5	中国联合网络通信集团有限公司	190	43	22.6
6	Coinplug Inc.	124	98	79.0
7	Siemens AG	124	23	18.5
8	Mastercard International Inc.	123	62	50.4
9	深圳壹账通智能科技有限公司	121	23	19.0
10	Accenture Global Solutions Limited	116	72	62.1
11	北京艾摩瑞策科技有限公司	111	2	1.8
12	Bank of America Corporation	102	43	42.2
13	全链通有限公司	96	11	11.5
14	Microsoft Technology Licensing LLC	93	36	38.7
15	平安科技（深圳）有限公司	86	15	17.4
16	北京百度网讯科技有限公司	80	17	21.3
17	VISA Int Service ASS	75	12	16.0
18	Nokia Inc.	67	24	35.8
19	华为技术有限公司	64	29	45.3
20	深圳前海微众银行股份有限公司	63	17	27.0

3.2.6　中国专利分析

中国（这里仅指在中国大陆申请公开的专利，不包含港澳台专利）目前拥有 6943 件区块链专利，专利数量领先于美国、韩国和日本等其他国家和地区。2018 年，中国是区块链专利申请最活跃的国家，申请 2583 件，约占全球区块链专利申请量的一半。中国的区块链专利申请人主要来自广东、北京、浙江、上海、江苏等省市，另外，美国、开曼群岛、德国、日本和韩国等国家和地区的企业也在中国进行了专利布局，共计申请了440件专利，具体如图3-7所示。

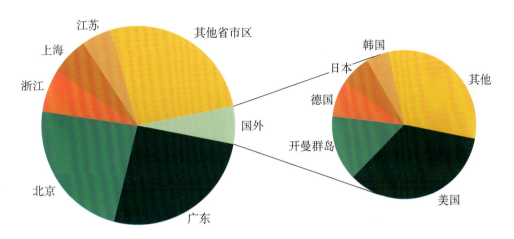

图3-7 中国区块链专利来源分布

图3-8是中国主要省市的区块链专利申请趋势。由图3-8可知，广东、北京、浙江、上海和江苏等省市在2014年后的区块链专利申请量均保持了较好增长态势。其中，广东因聚集了腾讯、深圳壹账通等企业，在2018年开始成为我国区块链专利申请最为活跃的省份。

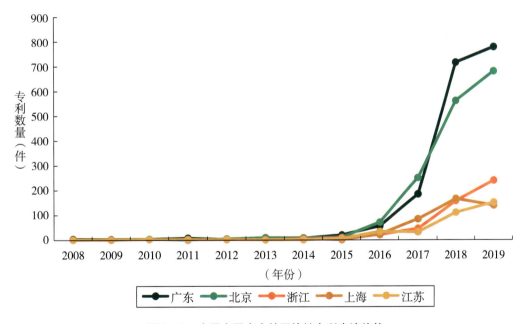

图3-8 中国主要省市的区块链专利申请趋势

中国区块链专利共计涉及2505个申请人。将区块链专利申请人按照其申请的专利数量进行排序，排名前20的申请人如表3-6所示。20个申请人中，有18家企业及2家高校，表明区块链技术以企业为主体，但部分高校也拥有较好的技术实力。其中，腾讯以280件专利名列第一；阿里巴巴以221件专利排名第二，其他申请人具体情况如表3-6所示。值得注意的是，以Nchain公司为代表的国外企业在中国申请了66件专利，表明国外企业极为重视中国市场。

表3－6   中国区块链专利主要申请人

序号	申请人	专利数量（件）
1	腾讯科技（深圳）有限公司	280
2	阿里巴巴集团控股有限公司	221
3	中国联合网络通信集团有限公司	190
4	北京艾摩瑞策科技有限公司	111
5	全链通有限公司	96
6	深圳壹账通智能科技有限公司	92
7	北京百度网讯科技有限公司	73
8	平安科技（深圳）有限公司	69
9	Nchain Holdings Limited	66
10	深圳前海微众银行股份有限公司	63
11	杭州复杂美科技有限公司	60
12	西安电子科技大学	52
13	众安信息技术服务有限公司	49
14	杭州趣链科技有限公司	47
15	深圳市元征科技股份有限公司	44
16	国家电网公司	42
17	北京京东世纪贸易有限公司	41
18	北京奇虎科技有限公司	40
19	广东工业大学	40
20	电子科技大学	37

3.2.7　物流区块链专利分析

1. 专利发展趋势

将表3－1中的区块链相关检索式与表3－7中的物流应用领域相关检索式进行 AND 逻辑运算，并进一步对检索结果进行人工清洗，得到物流区块链相关专利 999 件，其发展趋势如图 3－9 所示。2010 年，美国邮政服务公司（United States Postal Service）申请了一件标题为"Systems and Methods for Electronic Postmarking of Data Including Location Data"的物流区块链专利，但直到 2016 年开始，区块链才开始较多应用在物流领域，其中，2018 年物流区块链申请相关专利 382 件，2019 年申请 410 件。预计随着区块链技术在物流领域的深度融合，专利申请量仍将保持增长。

表 3 - 7　　　　　　　　　　　　　物流应用领域相关检索式

序号	检索式
S1	TIAB =（物流 OR 食品 OR 冷链 OR 供应链 OR 航运 OR 港口 OR 集装箱 OR 海关 OR 边检 OR 理货 OR 仓储 OR 配送 OR 船 OR 物联网 OR 车联网 OR 货仓 OR 仓库 OR 快递 OR 包裹 OR 货车 OR 车队 OR 生产调度 OR 生产管理 OR 仓单系统 OR 全流程管理 OR 交通 OR Logistic OR Food OR "Supply Chain" OR "Cold Chain" OR Shipping OR Shipment OR Port OR Container OR Customs OR "Exit AND En-try Frontier" OR " Frontier Inspect ＊" OR "Freight Forwarding" OR Tally OR Warehouse OR TRANSPORT ＊ OR Delivery OR Vessel OR Ship ＊ OR Boat OR "Internet of Things" OR IoT OR Internet - of - Things OR "Internet of Vehicles" OR "Connected Vehicles" OR Express OR Parcel OR Truck OR Fleet OR Dis-patching System OR "Production Control System" OR "Production management System" OR PMS OR ERP OR "Whole - process management system" OR Traffic）

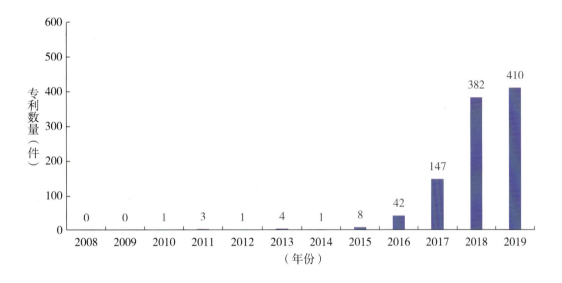

图 3 - 9　全球物流区块链专利发展趋势

2. 国家/地区分布

图 3 - 10 为物流区块链专利在全球的分布情况。物流区块链技术相关专利在中国、美国和韩国布局较多，技术研究与应用非常活跃，其中，中国的相关专利最多，占比 56.0%；美国占比 17.2%，韩国占比 8.5%。其他主要国家和地区还包括日本、中国台湾、德国、印度、澳大利亚和英国等。

3. 技术领域分析

根据物流区块链的主题词和 IPC 分类号进行人工标引，全球物流区块链的专利技术主题如图 3 - 11 所示。全球物流区块链的专利主要聚焦在物联网领域，涉及物联网的系统及装置、交互体系、网络架构、身份认证及异常检测、设备认证或证书供应、通信技术、数据存储和处理、网联安全等方面；智能交通领域，包括车联网、事故处理、路径引导和交通流控制、停车系统、交通信息处理、行驶证溯源、违章变道检测、交通工具共享、信号灯切换、辅助驾驶系统、自助缴费等方面；供应链管理领域，包括供应链管理系统、物料分类账、供应商评估及管理、供

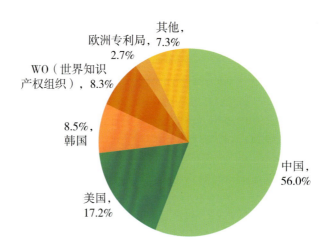

图 3-10　全球物流区块链专利国家/地区分布

应链金融、交易管理、加密验证、物料跟踪等方面；物品监管领域，涉及食品、药品、疫苗、危化品、冷链物质等方面的防伪、跟踪、状态检查和监管；包裹投递领域，包括取件系统、投递验证、等待时间计算、快递数据存储及处理、投递装置、包裹跟踪等方面；物流管理系统领域，涉及信息系统、信息传输、信息存储、数据安全、物流计费等方面；单据管理领域，涉及仓单、订单、快递面单、电子回单、电子合同等的管理方法、系统和存储介质。

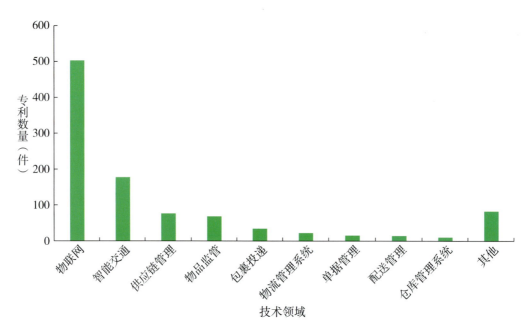

图 3-11　全球物流区块链的专利技术主题

4. 专利申请人分析

全球物流区块链相关专利，共计涉及 658 个申请人，其中专利申请数量排名前 20 的申请人如表 3-8 所示。前 20 个申请人中，有 9 个来自中国，但排名前 4 的均为国外企业。其中，Nchain 公司以 21 件物流区块链专利排名第一，Intel 公司以 18 件专利排名第二，Coinplug 公司和 IBM 公司以 16 件专利并列第三，中国的阿里巴巴集团控股有限公司以 15 件专利排名第五。

此外，中国的申请人中有 2 所高校挤进了前 20，表明国内高校对区块链在物流领域的应用也很感兴趣。

表 3-8　　　　　　　　　　　全球物流区块链领域主要专利申请人

序号	申请人	专利数量（件）
1	Nchain Holdings Limited	21
2	Intel Corporation	18
3	Coinplug Inc.	16
4	IBM Corporation	16
5	阿里巴巴集团控股有限公司	15
6	Bank of America Corporation	13
7	Walmart Apollo LLC	10
8	上海唯链信息科技有限公司	10
9	北京艾摩瑞策科技有限公司	10
10	福建工程学院	10
11	深圳市安思科电子科技有限公司	9
12	Bao Tran	8
13	Siemens AG	8
14	中国联合网络通信集团有限公司	8
15	腾讯科技（深圳）有限公司	8
16	西安电子科技大学	8
17	Accenture Global Solutions Limited	7
18	Samsung Electronics Co. Ltd.	7
19	深圳市雷凌广通技术研发有限公司	7
20	General Electric Company	6

前 20 个申请人中，Nchain 公司和 Intel 公司的专利全部布局在物联网方面；Coinplug 公司、Bank of America 公司的专利主要关注于物联网和供应链管理；IBM 公司的专利涉及物联网、智能交通和供应链管理等方面；阿里巴巴的专利主要涉及物联网、智能交通和物流管理系统；Walmart Apollo 公司在包裹投递领域布局了 5 件专利；福建工程学院、深圳市安思科电子科技有限公司和深圳市雷凌广通技术研发有限公司主要聚焦智能交通，如图 3-12 所示。整体来看，前 20 个申请人集中关注在物联网和智能交通领域。

5. 高价值专利分析

图 3-13 为全球物流区块链领域专利价值度分布情况。根据 IncoPat 全球专利数据库的价值度，全球物流区块链的专利价值度为 6 的专利最多，占比 24.3%；整体的高价值专利（价值度大于等于 8）专利占比 28.2%，这些高价值专利掌握在 191 个申请人中。前 10 的高价值专利主要专利申请人如表 3-9 所示，其中，Intel 公司以 16 件高价值专利排名第 1；Coinplug 公司以 14

件高价值专利排名第二；Nchain 公司拥有 11 件高价值专利；中国的上海唯链信息科技有限公司、浪潮电子信息产业股份有限公司和阿里巴巴集团控股有限公司也在物流区块链领域拥有少量高价值专利。

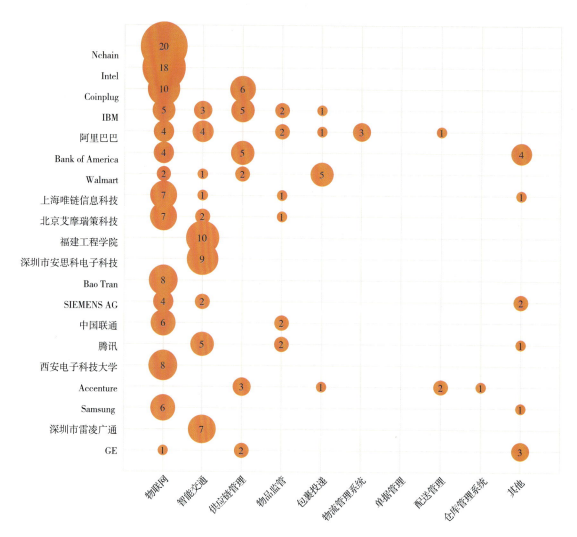

图 3-12　全球物流区块链领域 TOP20 专利申请人技术布局

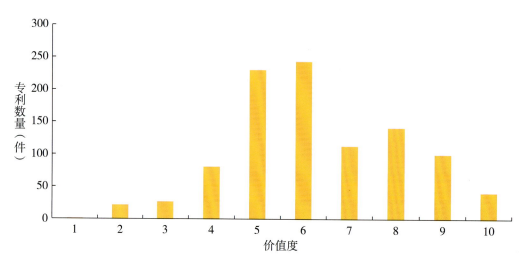

图 3-13　全球物流区块链领域专利价值度分布

表 3-9　全球物流区块链领域高价值专利主要专利申请人

序号	申请人	高价值专利数量（件）
1	Intel Corporation	16
2	Coinplug Inc.	14
3	Nchain Holdings Limited	11
4	Bao Tran	6
5	IBM Corporation	6
6	上海唯链信息科技有限公司	6
7	Skuchain Inc.	5
8	浪潮电子信息产业股份有限公司	5
9	阿里巴巴集团控股有限公司	5
10	Bank of America Corporation	4

3.3　典型机构专利介绍

3.3.1　Walmart：为智能家电提供区块链服务

2018 年 1 月 26 日，Walmart 公司提交了一份专利申请，名称为"Managing Smart Appliances Using Blockchain Technology"（公开号：US20180219676A1，公开日：2018 年 8 月 2 日）。该专利为一种可用于管理智能家电的系统和方法，包括一个用于接收无人机配送包裹的售货亭，以及智能家居系统，讨论了如何使用区块链服务器网络来支持物联网（IoT）生态系统。所述区块链服务器网络包括一个或多个二级或第二个服务器系统，使用一个或多个服务器端应用程序，在物联网生态系统的一个或多个其他资源中提供一个或多个客户端服务。物联网生态系统中的资源可能与一个或多个角色相关联，因此，在单个相应的交易环境中与单个角色相关联。

沃尔玛物联网区块链用户将会佩戴一种设备，使他们能够访问安全锁定的售货亭，在那里他们可以收到无人机交付的货物。用户可以获得一个售货亭，并利用他们的智能设备将新获得的售货亭添加到分布式账本结构中以供应或授权售货亭。在具体的实例中，用户设备可以是可穿戴设备。自助服务终端可以与用户设备同步并自动配置为送货上门，并作为设备添加到分布式分类账管理系统中。数据加密技术将利用公钥和私钥来安全地加密交易数据。加密模块是设备管理环境的重要组成部分，可以在多种形式之间转换数据。例如，可以加密包括明文形式的信息，用来生成或识别密文形式的加密信息。沃尔玛这项专利的概念也可以在家庭中采用，通过区块链智能设备来增强家庭娱乐和物联网系统。

3.3.2　IBM：阻止无人机窃取快递

2017 年 12 月 27 日，IBM 公司申请了题为"Managing In - flight Transfer of Parcels Using

Blockchain Authentication"的专利（申请号：US20190199534，公开日：2019年6月27日），该产品具有物联网（IoT）高度计，该高度计在起飞时触发，跟踪包裹的高度并将数据上传到区块链平台。专利说明中提出："无人机使用量的增加与在线购物量的增加的融合提供了一种情况，在这种情况下，无人机可能出于恶意意图以匿名方式取走交货后留在门口的包裹。"

在未来的快递运输中无人机将会扮演重要角色，而需要克服的问题是飞行时间有限，存在被窃风险，以及如何有效管理复杂的运输网络等。为了解决无人机的飞行距离以及防止包裹被偷走，该专利允许无人机进行空中的包裹交换，如图3-14所示。

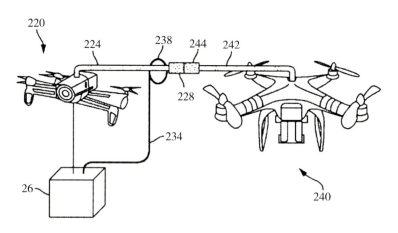

图3-14 无人机空中包裹交换

通过中间无人机来将包裹送到消费者手中，以弥补运输能力不足的短板。本质上，这种方式就是为无人机提供更多的里程，降低包裹在运输中途被窃的风险，通过空中的包裹接力来更好地管理运输网络。无人机在货舱部分安装了可以移动的导板，包裹放在其中，在底部安装带有电磁耦合装置的可伸缩产品。在消费者下达订单之后，仓库会直接使用无人机将包裹或者其他货物托运给消费者。与此同时，消费者需要派出自己的无人机在半空中进行对接，两者都会在云计算操作系统的控制下自动完成。在交接时，无人机首先会降低包裹的位置，然后两架无人机就会提供顶部的机械臂进行绑定，进行磁性连接和锁定。无人机有个固定包裹的环扣，一旦连接之后两台无人机就会同步倾斜，然后将无人机上的包裹移动到接收无人机上。

随着无人机使用量与在线购物量的增加，无人机可能会出于恶意意图以匿名方式取走交货后留在门口的包裹。IBM的解决方案是为包裹配备IoT传感器，该传感器测量到包裹的高度变化超出预设标准时，则会触发警报。触发警报后，启用GPS的IoT传感器会将其确切的位置数据传输到跟踪模块。这就像给包裹提供了一种在途中出现问题时调用SOS的方式。该专利描述了无人值守的包裹交付方式，用以避免在包裹交付之后和接收之前货物可能遭受的盗窃和其他破坏行为。

3.3.3 UPS：简化包裹递送物流

2018 年 5 月 5 日，UPS 提交了一项专利申请"Verifiable Parcel Distributed Ledger Shipping and Tracking System"（申请号：US20190012637，公开日：2019 年 1 月 10 日），旨在整个国际供应链业务中利用区块链和分布式账本技术（DLT）。目的是要简化整个供应链中的包裹物流递送流程。根据专利描述中所述："在某些情况下，很多物流服务提供商只是将货运单元沿着不同的支路/分段从原点运输到目的地。然而，不同物流服务提供商运输网络之间很少有协作，因此运输网络的整体效率其实并不高。此外，由于缺乏协作性，客户很多特殊物流处理需求也无法得到满足"。

该专利利用区块链和分布式账本技术在一个可能包括多家运营商的国际供应链中调度包裹。尽管航运物流服务提供商已经非常擅长优化包裹调度，以提高效率和降低成本，但对于涉及多个物流服务提供商运输网络的货运，协调物流仍很困难。在这种情况下，不同的物流服务提供商将货物从发运地运送到目的地，可能是有利的。然而，通过各种物流服务提供商的运输网络来协调装运单位的运输可能是困难的。此外，如果装运单位有特别的处理要求，则可能难以确保协助装运单位的各个后勤服务提供者都能执行特别的处理要求。

目前，UPS 的国际供应链内包含了多个不同的物流服务提供商，虽然它们都很擅长优化包裹路线以提高效率、降低成本，但是对多个物流服务的货物间的协调工作效率仍然较低。UPS 希望通过区块链系统解决上述问题，在一些实例中，该系统使用了分布式账本技术自动配置不同物流服务提供商的网络路线。一旦包裹被扫描到包裹检测设施中，该系统将会根据全网内的物流服务提供商的服务产品自动选择最优路线。在包裹前往目的地的过程中，有关货物的信息会被记录在区块链分类账中，系统就能判断、评估不同物流服务提供商是否履行了各自服务产品的义务。该专利指出，只要货物在某个特定网络内完成送达，即不同的物流服务提供商认真履行了自己的义务，这个物流网络就会根据智能合约向供应链中的不同物流服务提供商支付费用。如果是基于公有链网络，那么该系统甚至可以使用比特币和以太坊等加密货币进行支付。

3.3.4 Coinplug：物联网的费用结算

Coinplug 公司在 2017 年 5 月 10 日申请了一件专利"Method for Paying Cost of IoT Device Based on Blockchain, and Server, Service Providing Terminal, and Digital Wallet Using the Same"（申请号：KR1020170058014，公开日：2018 年 11 月 16 日）。该专利涉及一种基于区块链的针对物联网设备的费用结算方法、利用该方法的服务器、服务提供终端及用户电子钱包。以往的技术是基于移动结算服务的技术，是一种向用户请求针对物联网设备的费用，由用户利用移动结算服务支付被请求的费用，服务提供者通过与用户终端的直接通信实现结算的方式。因此，用户没有通过终端注册服务提供者的结算系统的情况下，很难利用此方式，而且还存在为了结算费用需要提供用户信息等安全上的问题。

该专利的优点在于无须提供用户信息等，就能够实现费用结算，能够实现对用户物联网设备的直接费用请求，能够有效地管理针对费用结算相关联的物联网设备，一个实例是可以应用于在用户终端自动完成针对租赁汽车的费用支付（见图 3－15）。用户 131 为了租赁汽车而向服务提供终端 110 申请使用用于租赁或利用的汽车等相对应的物联网设备 120，如果服务提供终端 110 对此认可，则结算支援服务器 200 作为针对物联网设备 120 的支付主体而链接用户电子钱包 130。之后，服务提供终端 110 为了请求用户针对物联网设备 120 的费用，向物联网设备 120 邀请支付主体信息。在获取物联网设备的识别信息后，向结算支援服务器 200 传送费用请求交易，或支援联动于服务提供终端的其他装置向结算支援服务器 200 传送费用请求交易。此时，费用请求交易可以包括服务提供终端的识别信息、物联网设备的识别信息、智能合约、费用请求明细及利用服务提供终端的证书在费用请求明细上签名的请求签名值。并且，智能合约可以包括针对费用请求明细的支付条件。智能合约可以是由服务提供终端 110 已注册于区块链数据库 300 的智能合约。

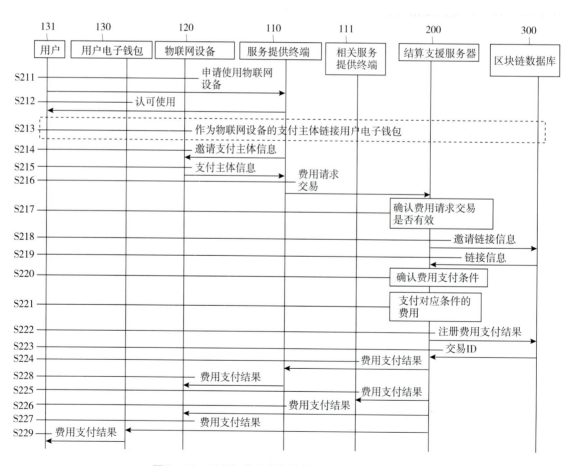

图 3－15　利用智能合约结算针对物联网设备的费用

3.3.5 阿里巴巴：物流信息传输

为解决用户姓名、电话等隐私信息在物流途中被泄露的问题，阿里巴巴于 2018 年 5 月 11 日申请了专利"基于区块链的物流资讯传输方法、系统和装置"（申请号：CN201810447169.X，公开日：2018 年 10 月 10 日）。该发明提供了一种基于区块链的物流信息传输方法，所述区块链包括多个与物流发货网点和配送网点对应的节点设备，所述方法包括物流发货网点接收物流信息，所述物流信息包括用户收货地址信息，使用与配送网点的公钥相关的密钥对所述物流信息进行加密得到所述加密物流信息，其中，所述配送网点是根据用户收货地址信息确定的配送网点，将所述加密物流信息发送至所述区块链的分布式账本；所述配送网点从所述区块链的分布式账本获取所述加密物流信息，使用与所述配送网点的私钥相关的密钥对所述加密物流信息解密得到所述物流信息，基于所述物流信息进行配送。

图 3-16 为基于区块链的物流信息传输方法的流程图，图中的物流信息可以是由电子商务平台系统根据用户的电子商务订单生成、并由电子商务的卖家提供至物流发货网点的物流信息，也可以是任何需要物流快递服务的公司机构或个人用户直接提供给物流发货网点的物流信息。物流信息中通常包含收货用户及/或发件用户的姓名、电话、地址信息等，尤其以姓名、电话信息最为隐私。为保证物流信息的隐私性，在本专利提供的所有实例中，物流信息均以加密的状态在基于区块链建立的物流信息系统中传输。

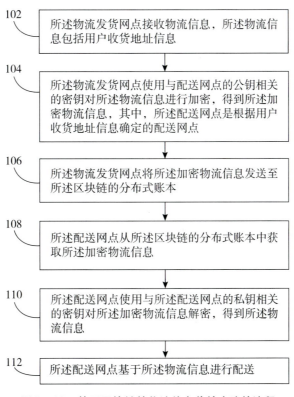

102 所述物流发货网点接收物流信息，所述物流信息包括用户收货地址信息

104 所述物流发货网点使用与配送网点的公钥相关的密钥对所述物流信息进行加密，得到所述加密物流信息，其中，所述配送网点是根据用户收货地址信息确定的配送网点

106 所述物流发货网点将所述加密物流信息发送至所述区块链的分布式账本

108 所述配送网点从所述区块链的分布式账本中获取所述加密物流信息

110 所述配送网点使用与所述配送网点的私钥相关的密钥对所述加密物流信息解密，得到所述物流信息

112 所述配送网点基于所述物流信息进行配送

图 3-16 基于区块链的物流信息传输方法的流程

采用区块链加密传输物流信息，避免了上述物流信息在物流中转过程中被中转网点泄露的可能性，且区块链上收录传输的物流信息不会被其他任意节点篡改，保证物流信息系统的配送端可以准确无误地联系到用户，不影响物流传递的效率。进一步地，将用户信息生成编码后的用户信息、设置用户信息解码程序，配送端甚至整个物流信息系统不再享有查看全部用户信息（尤其是姓名、电话号码等隐私信息）的权利，消除了用户信息从配送端或物流信息系统泄露的隐患；而且，真实的用户信息不会被披露于物流包裹的包装上，进一步避免了隐私信息再次被泄露的可能性。

3.3.6 京东：货物位置追踪

为了避免商家刷单或者提供假冒商品替代海外商品等行为，北京京东尚科信息技术有限公司在 2018 年 7 月 12 日提交了一件专利申请"货物位置追踪方法、装置以及物流管理系统、存储介质"（申请号：CN201810763716.5，公开日：2020 年 1 月 21 日）。该发明提供了一种货物位置追踪方法、装置以及物流管理系统、存储介质，涉及电子商务技术领域，其中的方法包括：接收定位模块发送的模块标识信息和模块位置信息，根据模块位置信息确定操作员位置信息；接收与操作员标识相对应的操作设备发送的货物运输信息，根据操作员位置信息确定与货物运输信息相对应的货物位置信息；生成货物点位信息并将货物点位信息以区块链的方式存储在用户区块链节点和操作区块链节点。

图 3 – 17 为基于区块链的货物位置追踪方法的流程图，101 中的定位模块可以安装在操作员的设备上或由操作员佩戴，定位模块采用心跳消息上传当前 GPS 单元定位的经纬度信息，102 中的操作员都佩戴有定位模块，操作员标识可以为操作员 ID 等，建立操作员 ID 与定位模块 ID 的绑定关系，103 中的操作员在使用操作设备时需要进行登录和验证，104 中的用户可以从用户区块链节点和操作区块链节点获取货物点位信息，用于追踪货物的位置。区块链节点可以是区块链网络中的计算机、用户网盘、快递公司的服务器等，预先分配用于存储货物点位信息的多个区块链节点，将货物点位信息以区块链的方式存储在用户区块链节点和操作区块链节点，能够防止货物点位信息被篡改。

该发明能够基于定位模块获得货物点位信息并采用区块链技术存储和验证货物点位信息，可有效确保货物点位信息的可靠性，防止货物点位信息被恶意篡改或扰乱；保证货物包裹实物的位置信息和在区块链中存储的货物点位信息一致，能够准确地跟踪物流信息；提高了造假成本，可以保护用户利益，并且对于异常问题也能准确追责，增强了用户满意度以及信任度。

3.3.7 支付宝：商品防伪验证

为了方便快捷地鉴别市场上流通商品的真伪，支付宝（杭州）信息技术有限公司在 2020 年 2 月

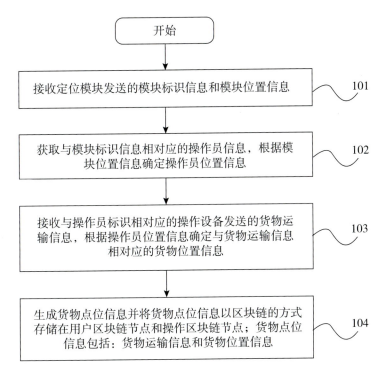

开始

接收定位模块发送的模块标识信息和模块位置信息　101

获取与模块标识信息相对应的操作员信息，根据模块位置信息确定操作员位置信息　102

接收与操作员标识相对应的操作设备发送的货物运输信息，根据操作员位置信息确定与货物运输信息相对应的货物位置信息　103

生成货物点位信息并将货物点位信息以区块链的方式存储在用户区块链节点和操作区块链节点；货物点位信息包括：货物运输信息和货物位置信息　104

图 3 – 17　基于区块链的货物位置追踪方法的流程

20 日申请了一件专利"基于区块链的商品防伪验证方法和系统"（申请号：CN202010104931.1，公开日：2020 年 6 月 19 日）。该方法包括：商品生产节点，将目标商品的出厂溯源信息写入设置在目标商品的存储介质，并将携带有出厂溯源信息的防伪校验信息的交易提交到溯源区块链中；商品流通节点，获取目标商品的存储介质中存储的溯源信息以及溯源区块链中存储的目标商品的防伪校验信息，以对目标商品进行防伪校验，溯源信息包括出厂溯源信息，目标商品的防伪校验信息包括出厂溯源信息的防伪校验信息；商品流通节点，在防伪校验通过后将商品流通节点对应的流通溯源信息写入目标商品的存储介质，以及将携带有流通溯源信息的防伪校验信息的交易提交到溯源区块链中，流通溯源信息包括商品流通节点的签名。

上述方案能通过追踪商品的溯源信息来对商品进行验证，利用区块链不易被篡改的特性提高商品的溯源信息的真实性，通过读取目标商品的存储介质能获取溯源信息，降低防伪校验的操作难度，简化了商品的验证流程，同时提高了商品的仿制成本，便于高效快捷地鉴别商品真伪。

3.3.8　苏宁：商品供应链溯源

商品溯源中贴码作业要求高、成本大，跨境电商商品供应链复杂，苏宁云计算有限公司在 2019 年 11 月 1 日申请了专利"一种商品的供应链溯源方法及装置"（申请号：201911057304.0，公开日：2020 年 3 月 20 日），其实例提供了一种商品的供应链溯源方法及装置，以克服现有技术中对物流作业能力的要求高以及溯源成本高等问题。具体方法包括：将商品的管理批次号与商品的溯源信息进行绑定，并将绑定关系以及管理批次号、溯源信息上传至区块链保存；将订单中商品对应的管理批次号回传至订单系统，将管理批次号与订单进行绑定；订单系统根据获取的管理批次号在相关页面上设置溯源入口，以便于用户进行商品溯源，相关页面包括订单列表页、订单详情页以及物流详情页。

图 3–18 为商品的供应链溯源方法的流程图。在入库阶段，对商品采用批次化管理，通过采用将商品的管理批次号与商品的溯源信息进行绑定的方式，建立供应商、采购入库单、商品和溯源信息之间的关系。然后将绑定关系以及管理批次号、溯源信息等数据上传至区块链保存，利用区块链的防篡改的特性来保证数据的安全性。在电商平台交易过程中，用户在电商平台下单支付后，物流信息系统开始作业，将订单中商品对应的管理批次号回传至订单系统。订单系统获取订单对应的管理批次号后，在相关页面上设置溯源入口，用户可以通过该溯源入口进行商品溯源，查询商品的溯源信息。其中相关页面包括订单列表页、订单详情页以及物流详情页。

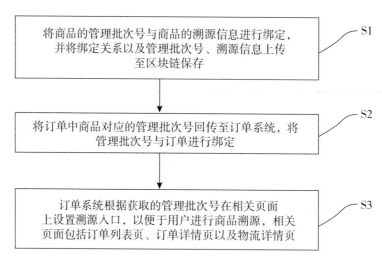

图 3–18　商品的供应链溯源方法的流程

3.4　小结

本章运用专利分析方法以及 IncoPat 全球专利数据库对全球区块链专利数据进行了分析，从专利申请趋势、专利申请人、国家/地区、IPC 技术分析、高价值专利指标等多个角度对区块链产业及行业内典型机构的专利进行分析，并对物流领域区块链技术应用的部分成果进行展示。主要结论如下。

（1）区块链技术正处于成长期，具有广阔的应用前景，作为重要创新技术而受到广泛关注。在经历 2008—2014 年的技术萌芽后，全球区块链专利申请量呈现快速增长态势。目前中国的区块链专利申请量在全球范围内领先，专利申请量近两年来大幅增长，业内公司和机构的专利申请量总体呈现增长态势。预计随着技术研发的深入和行业的进一步布局，中国及全球区块链相关技术的专利申请量将持续增长。

（2）区块链技术相关专利在中国、美国和WO布局较多，2014年之前，区块链技术专利申请以中国、美国、日本和韩国为主，2014年之后，美国、中国在该技术领域的专利申请量增速明显高于其他国家或地区。中国的10家企业中，仅阿里巴巴、腾讯、深圳壹账通、平安科技、百度、华为这6家企业有在海外布局。总体来看，国外企业的海外布局情况整体好于国内企业，国内企业在专利质量和专利布局意识上仍待提高。

（3）全球区块链专利申请量排名前20的申请人，中国占据10个，美国6个，英国、德国、韩国、芬兰各1个，阿里巴巴是全球申请区块链专利最多的机构，Nchain公司和IBM公司也是全球区块链技术的佼佼者，中国的申请人近2年发展迅猛，腾讯、中国联通、深圳壹账通、北京艾摩瑞策科技等在区块链专利申请中表现出强劲的后发优势，中国有望成为区块链专利技术的领跑者。

（4）区块链目前涉及的专利IPC技术领域相对集中，主要是H04和G06两大类。从具体的专利技术点来看，区块链专利技术的申请重点主要集中在账本、加密技术、共识机制、存储设备领域，涉及分布式账本、智能合约、加密货币、数字资产等技术主题。区块链的专利应用行业较为广泛，主要包含金融、保险、电子商务、医疗、交互式视屏、交通等领域。

（5）国内区块链领先机构虽然专利申请量较多，但高价值专利占比不高，整体高价值专利占比低于国外机构，表明我国区块链专利申请人的专利申请质量有待提高，在注重专利申请量增加的同时，不能忽视专利质量的把控，对区块链关键技术要进行科技攻关，提升我国区块链技术的国际竞争力。

（6）中国的区块链专利主要来自广东、北京、浙江、上海、江苏等省市，区块链专利申请量与经济发展水平正相关。国内区块链领先机构以企业为主体，部分高校也拥有较好的技术实力。另外，国外企业极为重视中国市场，美国、开曼群岛、德国、日本和韩国等国家和地区的企业也在中国进行了专利布局。一方面说明了国外企业对中国市场的重视；另一方面也值得本土企业和研究机构的警醒，提高本土企业区块链专利申请质量，优化本土企业区块链专利在全球的布局情况。

（7）在物流领域申请的区块链专利中，中国申请的专利数量最多。技术相对集中的领域主要为物联网、智能交通、供应链管理、物品监管、包裹投递、物流管理系统、单据管理、配送管理、仓库管理系统，其中物联网是与应用最密切相关的技术主题；专利申请量和高价值专利数量排名领先的专利申请人均来自国外，国内企业和高校需进一步发挥后发优势，提升专利申请质量。

物流企业
科技成果及应用案例 4

随着 5G、区块链、大数据、人工智能、工业互联网等"新基建"相关技术的迅速发展，并与传统物流行业深度融合，物流领域的科技应用正处于一个爆炸性增长的阶段。以"分享最新物流科技前沿趋势，展示最新研发成果和产品"为宗旨，本章主要介绍在物流技术与装备、物流应用创新、行业进步及社会发展等方面有突出贡献、具有引领性和代表性的最新物流科技成果。在此基础上，对特定成果的优缺点和应用前景进行分析与展望。

同时，选取部分"2020 年度中国物流与采购联合会科学技术奖"获奖企业的科技应用案例，通过理论联系实践，集中展示在全国物流与采购以及生产资料流通领域中的技术发明与科学技术进步成果。

4.1 物流企业科技成果

4.1.1 旷视科技——"河图"物联网操作系统

4.1.1.1 技术简介

2019 年 1 月，旷视科技发布了旷视机器人战略的核心产品——"河图（Hetu）"（见图 4 - 1）。"河图"是一套致力于机器人与物流、制造业务快速集成，一站式解决规划、仿真、实施、

图 4 - 1 AIoT 操作系统——旷视的"河图"

资料来源：https://www.megviirobotics.com。

运营全流程的操作系统，可通过"解放、链接、群智协同"等核心能力，为物流、制造等行业提供多厂商和多设备的接入能力，以及丰富的机器人智能化管理方案，帮助企业打造"人机协同，群智开放"的智能物联新模式。对于物流行业客户来说，"河图"具有以下特性。

1. 生态连接

在供应链大脑的构建中，旷视科技用 AIoT（人工智能 + 物联网）的技术打造最强的手和脚，释放更多的空间价值，而"河图"的使命是衔接下游各类机器人控制本体、设备体系与上游的业务系统，具备强大的开放性和可扩展性。

在下游的设备层接入上，"河图"目前已经接入三大类产品，即"腿"系列产品、"手"系列产品、"空间"系列产品。

"腿"系列产品旨在解决仓储物流场景中的搬运问题，已经接入的设备包括旷视科技自研的 T 系列货架式搬运机器人（见图 4-2）（载重力分别为 500kg、800kg、1300kg）和载重 2000kg 的托盘式机器人，同时也有来自旷视机器人的生态伙伴国自机器人开发的 E 系列多层轻型叉车。

图 4-2　旷视科技 T 系列货架式搬运机器人

资料来源：https：//www.megviirobotics.com。

"手"系列产品解决核心的商品抓取和拣选问题，包括整箱的拆/码垛、拆零的商品拣选。目前"河图"已接入的"手"系列产品包括旷视机器人的生态伙伴 MUJIN 拆/码垛机器人、拆零拣选机器人。

"空间"系列产品主要解决密集存储的问题，"河图"已经接入鲸仓科技的 Picking Spider 系统，可实现料箱的密集存储和随机存取。

在上游的业务承接中，作为机器人的操作系统，"河图"能够为设备层提供统一的接入体系和运维体系，让客户可以一站式完成对多种设备的作业调度和监控运维。目前，已经与"河图"系统对接的上游业务系统，包括著名的 WMS（仓储管理系统）厂商唯智信息、巨沃科技、心怡科技、科捷科技和鲸仓科技。

2. 协同智能

在建立了生态连接之后，当多设备联动完成同一个任务时，协同智能变得尤为关键。"河图"在路径规划、运维优化、负载均衡、作业调度层面提供了大量优化算法，以适配不同的业务场景。同时，旷视科技为"河图"构建了自学习、自适应的算法体系，系统会根据业务的历史运行数据和输入的作业量预测（如订单预测）自动调整算法。

3. 数字孪生

数字孪生是"河图"的最大特色，即实现虚拟世界与真实世界的一致化，尽可能逼真地仿真模拟，包括对机器人、设备、订单、人类和异常事件的模拟，从而实现线上的仿真规划，模拟真实执行系统的效率。

4.1.1.2 成果述评

AIoT 已成为智慧物流发展的新趋势，在 AIoT 的技术支持下，物流系统中的人、装备、设施与货物、空间、时间都发生重大变化。数据流和物流在 AIoT 的驱动下产生重大变革，形成经济社会新的智慧型基础支撑，使物流业高效率运营，也将变革原有的物流产业格局。

"河图"的推出被业内视为人工智能向物流行业的重要进军。以往传统自动化设备和机器人在仓储物流和工厂制造等领域虽然起到一定的作用，但无法协同也无法自动适应业务状况。而"河图"的出现为机器人网络的组网和人机协同提供了一种更为便捷、灵活的解决方案。

以旷视科技与心怡科技合作建设的天猫超市天津仓为例，面临数量庞大的 SKU（库存量单位）压力、包含十余种品类的复杂订单，同时还要兼顾消费者体验，追求当日达的效率，天猫超市的仓储管理从消费者下单到出库必须控制在 1 小时以内，而通过接入旷视"河图"系统，与三种不同类型的 500 台机器人的协同作业，天猫超市天津仓效率能够提升 40%。

通过底层统一的 AIoT 操作系统建设，旷视科技正在为 200 多个国家和地区的数十万名开发者，及上千家行业客户提供智能物联服务及解决方案。同时，为了凝聚更大的生态力量，旷视科技在推出"河图"的同时，还启动了"河图合作伙伴"计划，宣布将投入 20 亿元与合作伙伴一起加速机器人场景的落地。

根据市场研究和咨询机构 Tractica 预测，2021 年之前，物流仓储机器人市场规模将高达 224 亿美元。可以说，仓储机器人带来的效率提升和市场前景不可估量，行业发展未来可期。据悉，未来 5 年旷视科技计划要连接和赋能的机器人超过 10 亿台。愿景能否实现？我们拭目以待。

4.1.2 灵动科技——仓储物流自主移动机器人（AMR）

4.1.2.1 技术简介

2020 年 3 月，在美国亚特兰大物流装备系统展（MODEX 2020）上，基于 AMR（Autonomous Mobile Robot）技术，灵动科技（ForwardX）展示了具备全球发货能力的 X200、X500 自动化搬运物流拣选解决方案，该方案已经通过多家世界 500 强企业实施验证（见图 4-3）。

图 4-3　灵动科技推出 AMR 系列产品

资料来源：www.sdcexec.com。

区别于传统以导引线为地图的 AGV 技术，AMR 不依赖于磁条、二维码等地面"轨道"，能对周围环境中各种动态变化及时作出合理响应，自主避障绕行，更适用于环境复杂、密度大、劳动强度大的场景。基于以上优势，灵动科技的 AMR 能柔性地部署在制造业和物流业场景，节省重新部署的时间与成本。

AMR 不仅实现了强大的单机可用能力，还具备数据化的集群调度能力，通过调度数十台甚至上百台 AMR，可实现仓内和厂内整体作业效率最优。目前，灵动科技已搭建集成各类 MES（制造执行系统）和 WMS 数据的集群调度系统，该调度系统基于机器学习算法，并结合 VSLAM（基于视觉的即时定位与地图构建）获取的三维地图数据，具备单仓 200 台 AMR 的全局调度能力，同时调度人和车两个维度，针对不同行业客户的多种场景形成不同的 AMR 拣选策略，可提升 2～3 倍的拣货效率。

在物流业场景中，灵动科技 AMR 可以高效地完成自动化搬运拣选，以最优路线将工人引导到正确的货架位置，随后显示待拣选的货物和确切的数量，协助工人完成拣选和复核。在制造业场景中，AMR 可自动上下电梯实现跨楼层搬运，以强大柔性满足生产批量小、批次多、迭代快的需求。在以上两个行业，集群调度系统都可以数据化监控工作效率，随时优化业务。

4.1.2.2　成果述评

相较于 AGV，通过探测周边环境，自主规划路线的 AMR 对于新出现的障碍物能够安全地绕行，在路线变更时无须对环境进行铺设和改造，能够将预部署的时间大为缩短。AMR 可以通过弹性部署从容应对周期性的业务调整。因此，这种高度智能、具有极强柔性能力的移动机器人，成为人工智能在仓储物流产业垂直落地的风口。

据市场研究和咨询机构 Interact Analysis 发布的数据，2018 年 AMR 全球出货量超过 2 万台，比 2017 年多出一倍，中国属于亚太地区增量较为明显的国家之一。预计到 2023 年时，全球 AMR 市场将达 70 亿美元。

在产品功能层面，纵观整个 AMR 行业，全球范围内也仅有 6 River Systems、Locus Robotics 和灵动科技三家企业具备大规模集群调度能力的 AMR 产品能力（见表 4 - 1）。相比之下，灵动科技在产品方案多样化及落地成熟度等方面具备一定的技术优势。产品方案方面，前两者应用的是激光 AMR 技术，只能提供 45kg、76kg 以内载重能力的产品，而灵动科技采用视觉 AMR 技术，可提供 200kg 和 500kg 载重能力，更贴合物流业和智能制造客户的负重需求；落地成熟度方面，灵动科技支持 RaaS（机器人即服务）、租赁、分期付款、全款一次性购买等多种付费模式，解决方案上线只需两星期，已落地的某物流业客户的 AMR 拣选效率从每小时 140UPH（Unit Per Hour）提升至 230UPH，拣货准确率高达 100%。

表 4 - 1　　　　　　　　具备大规模集群调度能力的 AMR 产品对比

公司	总部	产品方案	融资情况
灵动科技	北京	视觉 AMR，200kg 和 500kg 两种载重	2019 年 12 月完成 B + 轮融资
Locus Robotics	波士顿	激光 AMR，45kg 载重	2019 年 C 轮融资 2600 万美元
6 River Systems	波士顿	激光 AMR，76kg 载重	2019 年 9 月，被 Shopify 以 45 亿美元收购

目前，更为精细、灵活且更具成本效益的 AMR 正在给中国 AGV 市场带来严峻的挑战。从成本上来看，AGV 高昂的初始改造投入已占劣势，又因其应用行业多为电子商务模式企业，仓库的地理位置有所局限，中国仓储物流行业采用 AGV 模式似乎变为一种负担。

AMR 却恰恰相反，其非常适宜在中国发展。面对当前物流效率低下、物流人工高成本等"顽疾"，AMR 可迎刃而解。未来，有计算机视觉等人工智能认知能力的、可自主移动工作的机器人，必将会成为仓储物流行业的中坚力量。

4.1.3　Geek + ——机器人穿梭系统"RoboShuttle"

4.1.3.1　技术简介

Geek + 货箱到人拣选方案是基于 C200 机器人构建的一套箱式立体拣选系统（见图 4 - 4），可最大限度利用仓库立体空间为仓库扩容，且保持了箱式拣选的高效率优势。RoboShuttle 是采用货箱到人方式的新一代仓储机器人系统，包含单箱机器人、双伸位机器人等机器人和解决方案，并采用窄通道设计，可在标准 9 米仓库存储 18 层 3.5 米高货箱及 24 层 2.5 米高货箱，实现超高密度存储。

图 4 – 4   Geek + 货箱到人拣选方案——RoboShuttle

资料来源：www. geekplus. com。

　　该系统在 LogiMAT China（国际内部物流解决方案及流程管理展览会）2019 年首次展出，并进行实际场景动态展示。RoboShuttle 实体部分由 C200 系列机器人和阁楼货架组成，其中 C200 机器人（见图 4 – 5，参数见表 4 – 2）穿梭系统创新性地识别并拣选了标准尺寸的储物箱，并将其运送到工作站进行拣选和包装。

图 4 – 5   Geek + C200 系列机器人

资料来源：www. geekplus. com。

表 4 – 2   Geek + C200 系列机器人参数

参数	指标
外形尺寸（mm）	L950 × W702 × H2500 ~ 2700
自重（kg）	270
最大负载（kg）	40
最大举升高度（mm）	2400
最小升举时间（s）	8
最大运行速度（m/s）	2

参数	指标
最大旋转速度	90°/1.5s, 180°/2s
停止精度（mm）	<10
导航方式	惯性＋二维码视觉导航
避障距离	红外线2m，激光3m
电池	锂电池，DC50.4V，39A·h
充电时间	10min
电池寿命	运行2～3h，满充满放>2000循环
认证	CE
负载尺寸	400mm×300mm×250mm～600mm×400mm×350mm
工作温度	－20～50℃

C200系列机器人包括C200S和C200M，两者是RoboShuttle系统针对不同场景推出的两种适配方案（见表4－3）。C200S适用于多层立体存储方案，C200M适用于单层存储方案。

表4－3　　　　　　　　　　　　Geek＋C200系列机器人对比

对比项目	RoboShuttle	
	C200S（单箱）	C200M（双伸位）
取箱伸位	单伸位	双伸位
料箱缓存位	1个缓存位	多个缓存位
匹配场景	多层阁楼	单层
核心优势	效率高，可直接部署于现有多层阁楼	单层场景下，存储量最高

资料来源：亿欧网。

C200S单箱机器人机身灵巧、重量轻，可快速行走于普通的多层阁楼货架上，稳定且无明显噪声。取箱动作简洁高效，工位布局占用面积小（相同仓库面积可部署更多工位，整仓吞吐能力强），货箱拣货位置可自动调整到操作最舒适的拣货高度，不需要登高梯，实现拣选效率最大化。

而Geek＋的单层高密度存储方案采用双伸位、窄巷道、超广立体覆盖的货箱到人机器人C200M。C200M创新地采用1.4米双伸位设计，机器人在货架单侧即可完成两列货箱的纵深存取，库区内的整体通道面积最多可节省 50%，减少租仓成本。此外，C200M 的货箱存取范围低至 0.215 米、最高达 5 米，将立体存储空间利用最大化。在更广立体覆盖的基础上，C200M 仅需 1 米窄巷道即可通行，进一步压缩机器人作业时所需通道面积，提升存储空间。同时 C200M 的门架采用模块化设计，可根据客户需求定制高度。模块化组件也让安装和部署更加便捷，可现场组装，无须吊装，运输和装载环节更轻松。

RoboShuttle 整体的控制系统由上层系统进行统一调度，通过搬运标准货箱或纸箱进行拣选，通过 AI 算法进行智能路径规划、高精度导航、自动充电。系统适用于多 SKU 存储和拣选应用场景，相比机器人搬运货架进行"货到人"拣选，立体货箱到人解决方案具有更为便捷准确的特点。

RoboShuttle 具有极高的柔性，可根据业务需求灵活配置机器人数量，机器人本体稳定性高且易于维护。除此之外，RoboShuttle 可大幅度降低客户的使用成本，该系统整体成本可低至多层穿梭车系统的一半，拣选效率及存储容量均与多层穿梭车在同一水平。

4.1.3.2 成果述评

随着仓储机器人彻底颠覆传统仓库的人工拣选模式、让拣货效率实现 2 倍以上的增长突破，越来越多的企业开始寻求合适的仓储机器人方案实现仓库的智能升级。特别是受新冠肺炎疫情影响，催生出多样化的仓储机器人品类。机器人解决方案柔性自动化的特点，让一些头部企业进一步思考用自动化或机器人技术的方式去优化仓储运营或者供应链，形成竞争壁垒，拉开跟竞争对手之间的差距，进一步提升自己的市场份额。

在"后疫情"的新常态下，物流企业、电商企业需要智能机器人和解决方案为供应链的可持续发展、供应链风险的防控提供保障；需要具有稳定可靠的产品和全球化服务能力的机器人公司作为长期合作伙伴。在物流快速发展的背景下，我们期待中国的机器人企业蓬勃发展，无论是物流自动化技术还是以机器人为代表的柔性自动化技术必将随着市场接受度的提高、市场空间的扩大迎来爆发期。

4.1.4 特斯拉——新型长寿电池技术

4.1.4.1 技术简介

2020 年 4 月，特斯拉通过加拿大特斯拉分公司成功申请了一项新型电池技术的国际专利（见图 4 - 6），这意味着特斯拉自产的寿命超"百万英里"的超级电池，或许即将到来。

特斯拉提交的该专利名为"镍钴铝（NCA）电极合成方法"，描述了被称为镍钴铝电极加热工艺的新高效新电极合成方法。此前的加热方法有时会导致形成名为锂基板（Li_5AlO_4）的杂质，降低电池中的锂含量，虽然可以减少污染，但也会导致电化学性能较差。

在新专利中，锂与其他金属的比例将限制第一次加热过程中杂质的形成，然后锂将在低于

图4-6　特斯拉公开新型长寿电池专利技术

资料来源：www. youtube. com。

第一个加热周期的温度下进行第二次加热。参与该专利研发的研究人员指出，这一过程有助于形成无杂质的单晶NCA，使电池可以4000多次充放电循环，相当于支持电动汽车行驶160万公里。

当前特斯拉动力电池寿命只有50万公里左右，届时特斯拉的使用寿命为160万公里的动力电池问世，对车用电池行业绝对是一次革命式创新。

4.1.4.2　成果述评

近年来，动力电池技术的发展遭遇一定的瓶颈，除了对长续航里程的追求之外，动力电池的使用寿命也在一定程度上影响着用户的选择。为了更好地吸引用户，动力电池企业和车企都在努力研发使用寿命更长的动力电池。除了特斯拉外，蜂巢能源、通用汽车、宁德时代等企业也都在研发长寿命电池。

2020年5月，蜂巢能源发布了两款电芯，分别是115A·h电芯和L6薄片无钴长电芯。其中115A·h电芯的容量为115A·h，能量密度达到245W·h/kg（575W·h/L），能够搭载到目前大部分新的纯电平台上，这款电芯的使用寿命也非常可观，在整车端可以实现15年120万公里的质量保证，2021年6月将会量产推出。

2020年6月，国内动力电池生产商宁德时代表示其将推出一款可以使用16年、寿命超过200万公里的动力电池。宁德时代创始人曾毓群公开表示，只要有汽车生产商下单，宁德时代马上可以着手量产。

此外，通用汽车也在2020年5月发布公告，它们正在研发一款使用寿命可以超过160万公里的动力电池，并且这款电池的研发已经接近成功。

动力电池作为电动车的核心部件，其成本占整车成本的比例高达43%。现阶段，市场上大部分电动车所使用的电池寿命仅为50万公里左右，远未达到160万公里，而车身结构、电驱系统以及电子系统寿命都可以达到 160 万公里的使用寿命。新型长寿电池应用之后，电池寿命将不再成为电动车发展的瓶颈，必将极大地助推电动车在物流领域的普及应用。

然而，我们也应该注意到，电池寿命只是帮助推动电动车普及的指标之一，目前还有许多关键的电池技术有待突破。在用户追求的长续航里程和快速充电这两个方面，业界取得的进展不如电池寿命方面那么明显。此外，电池的平均价格还没有低于每千瓦时 100 美元，这一价格被认为是使电动车跟传统汽油动力车相比在价格上真正具有竞争力的关键门槛。电动车与传统汽油动力车的比拼，任重而道远！

4.1.5　亚航——基于区块链的货运溯源网络 Freightchain

4.1.5.1　技术简介

2020 年 4 月，新加坡—亚航的物流部门 Teleport 宣布推出能在区块链上运营的数字航空货运网络——Freightchain（见图 4 - 7），托运人或货运代理可以立即预订并确认亚航 247 架飞机中的任何一架。此外，通过 Freightchain 运送的货物，无须通过耗时的传统销售或电子邮件渠道，很大程度上简化了托运流程。

图 4 - 7　Freightchain

资料来源：https://newsroom.airasia.com。

Freightchain 的首席技术官 Vishal Batra 表示：在新冠肺炎疫情造成全球供应链不确定的时期，像 Freightchain 这样的软件平台有助于在快速发展的环境中协调不平衡的供应和需求关系，现在比以往任何时候都需要信任和运输过程透明。区块链技术使用分布式账本和加密技术保护敏感信息，并通过可视化交易网络提高数据的透明性。通过将其系统的所有货物映射到区块链上，网络中的每个节点都可以知道整个网络的实时状态，因此托运人可以快速知道货物的实时运输信息。

Teleport 已经完成 Freightchain 的首次试验，将药品从印度的邦加罗尔送到了蒙古的乌兰巴托，这利用区块链上的智慧合约，确认了来自三个运营商的航班。Teleport 解释道，由于没有邦加罗尔到乌兰巴托的直飞航班，托运人原本需要通过电话和电子邮件与多家航空公司和代理人联系敲定可用航班，这是一个非常烦琐且耗时的过程。

但 Freightchain 能以托运人可接受的预算，程序化探索可连接航班的路径，不仅节省托运人的成本，简化预定流程，使确认货物运送路径的速度提升 10 倍，而且对于航空公司来说，动态按需班机联运，可以有效利用航班运能。

4.1.5.2 成果述评

2020 年 3 月，国际航空电讯集团 SITA 和 IATA 下属 ULD Care 商业协会宣布开展合作，探索使用区块链技术节省航空货运业成本的可行性，如果成功应用预计每年可节省 4 亿美元。区块链技术允许航空货运公司在目的地之间以数字方式跟踪和记录航空货运集装箱或单元装载设备（ULD）的托管变更，其目的是降低行业成本、提高效率、减少损失并防止货物损坏。区块链平台还将嵌入基于身份验证和信任的功能，以减少信息篡改、网络犯罪、洗钱、欺诈和非法交易的风险。ULD Care 副总裁兼财务主管 Bob Rogers 补充，从上海到长滩的集装箱最多需要 30 天才能完成整个货运流程，但是真正的海上或公路运输时间只有 15 天左右，使用区块链可以优化这一流程。

区块链在物流领域的落地不仅仅是技术问题，更大的难题是如何协同供应链上下游企业信任一个去中心化的平台并进行协作，这需要最大限度的信息资源共享与协作。如果不同物流企业各自建立私有链或者还是以中心化的系统去运作，显然违背了区块链去中心化、弱中心化的初衷，信任度也会大打折扣。

虽然使用区块链技术最终仍可能存在多个中心，但依然能够在一定范围内解决物流行业信任问题，降低运行成本与提高效率。相信在大数据、人工智能、物联网等热点技术的共同推动，终将会带来一场物流业的革新。

4.1.6 美团——无人微仓

4.1.6.1 技术简介

在 2019 年 6 月，美团闪购正式对外发布面向商超、生鲜等零售行业的全新解决方案——无人微仓（见图 4-8）。该系统并非纯粹的"无人化"，准确描述应该叫智能微仓，即用算法、AI 技术加载智能硬件，实现仓储调度和排面的自动化，解决前置仓的效率问题和成本问题。解决方案是通过微型前置仓的形式自动化完成零售到家场景订单的拣选和打包，从商品推荐、线上下单、智能货架拣货、AGV 运输、自动核验、打包到配送实现全自动流程化，完成对商户服务的整体闭环，提升效率、降低成本。消费者只需在美团或美团外卖 App 闪购入口下单，无人微仓的人工智能分拣系统会自动安排订单，由运输机器人开始在不同货架间收集订单商品，自动打包后交付给骑手，完成最后的配送。

图 4-8　美团外卖无人微仓示意

资料来源：美团外卖。

运营此解决方案将会使经营效率得到极大提升，拣货效率是传统模式的 7 倍，用机械臂代替人工，多订单并行在高峰时段优势更加明显，空间利用率达到传统模式的 4 倍，这得益于无人化流程使得货架高度和间距进一步优化，支持 24 小时不间断运行。同时，该解决方案使得新店规模扩张变得更快速、简单，无须花费极大的人力资源成本。高标准化的产品组件，可以实现新店的快速复制；利用领先大数据进行精准预测和经营管理，可轻松实现整个店仓网络的管理和优化。在整个流程中，除了在仓库的拣货外，对于整个履约链条的智能化和无人化也可实现。

无人微仓最重要的创新在于利用机械臂、运输机器人等智能组件，替代和大量减少人工拣货，具体与前置仓的不同点在于拣货履单上的降本增效，体现在两点：订单调度前置和智能硬件的配合。

第一是订单调度前置。即无人微仓在接到订单前，要结合整个自动化排面调度系统和货架硬件设计、AI 技术等不断自我模拟订单，去分配货架订单任务。将商品尽可能分配到不同货架上，提高货架负载率。与传统仓所不同的是，无人微仓注重货架负载率——即同时工作的货架有多少个。货架负载率越高，无人微仓的订单并发效率越高。即同时来的多个订单平均分配到多个货架，多个订单同时进行分拣的工作，效率会大幅度提高。通过订单调度前置，无人微仓尤其在"多订单并发"时会更显优势。

第二是 AGV、打包台等智能硬件的配合。让不同的 AGV 去完成订单任务，保证分拣的准确度，提升拣货效率，并根据不同的打包台的工作状态调度任务。根据美团内部披露，目前无人微仓测试的平均每单（按 7 个商品来计算）分拣完成时间是 1.5 分钟左右。一般独立前置仓的平均每单拣货是分拣、运输、打包三个环节总计 9 分钟。

对于无人微仓的自动化履约流程，背后的技术应用拆解如下：①硬件上用智能货架搭载机械臂，取代人力拣货；②AI、算法（计算机视觉技术、深度学习、ROS 架构、惯性导航、多姿态、多信息融合、VSLAM）等技术完成规模化识别商品位置，驱动自动化排面调度系统，提高拣货效率。

无人微仓的设计，本质上是美团希望通过标准化、自动化的方式，解决零售商"到家"的成本效率问题。无人微仓项目的核心方向是要支持生鲜品类的"到家"。因此，接下来除了品类支持不断扩充、易损商品柔性交接之外，包括生鲜仓储需求的多温区控制等，都将逐步实现。

4.1.6.2　成果述评

美团闪购发布的"无人微仓"产品，是通过微型前置仓的形式，自动化完成零售到家场景订单的拣选和打包问题，完成对商户服务的整体闭环。该系统可能是商超"到家"业务的重大技术提升，即从传统的店内仓、人工拣货的前置仓模式，进入技术、算法驱动的智能化微仓模式。

降本增效则是无人微仓模式目前凸显出的最大价值，主要在于降低人力成本。标准化、自动化的美团闪购无人微仓，可能会带动整个零售商超、生鲜"到家"业务向智能化发展。另外，"后疫情"时代，通过无人化的形式减少接触，实现无人化配送或许是改变人们生活习惯、提高市场占有率的方式。美团在即时性商品仓配场景上先行了一步，自动化分拣颗粒度更细，包括零散商品自动化分拣，主要解决 3 ~ 5 公里半径范围内"小时达"的实时订单需求。

虽然无人微仓从模拟模型到正式落地还需要不断探索和迭代，但与传统前置仓相比，无人微仓在拣货效率和节约成本上均有大幅度提升。无人微仓的尝试，在整个零售行业也才刚刚起步。

4.2　2020 年中国物流与采购联合会科学技术奖获奖成果选编

4.2.1　面向安全高效物流运输的营运车辆智能化监控关键技术及应用

4.2.1.1　项目背景

货运营运车辆是承担物流运输的主要工具，但也极易引发交通事故，特别是其中的危险货物运输营运车辆和重型载货营运车辆更易引发"群死群伤"特大交通事故,因此,保障货运营运车辆在途运行安全高效是我国构建可持续发展的绿色物流体系的重要组成部分,也是关系国计民生的热点。

发达国家关于货运营运车辆在途运行的安全保障研究方面起步较早,研发应用了防撞、防车道偏离等多种车端预警技术,并开展了一般性定位监控服务应用。我国初期基本是国外技术的引进及初级研发,且主要以 GPS 定位的普通监控为主,功能单一、复杂工况易失效且缺乏针对营运车辆车内外复杂环境的智能化监控及预警能力。为有效破解上述难题,亟须在技术层面建立"在途安全监测—精准定位诱导—严格动态监控"的多层级一体化智能化监控技术体系。

4.2.1.2 项目科学技术内容

我国货运营运车辆在途运行面临着国际上前所未有的"极、险、散、乱"困局,即车况和路况复杂且极限工况多、"人车路环"多要素强耦合易导致危险等,直接导致营运车辆重特大事故多、运输效率低、监测监控难等一系列痛点和难点。本项目以货运营运车辆安全高效在途运行为切入点,研发了能有效应对"极、险、散、乱"困局的营运车辆在途安全高效运行智能化监控技术,建立了车辆前端和运营后端"并行安全监测—高效协作联动"的运行机制。货运营运车辆在途智能化监控项目总体技术思路如图 4-9 所示。

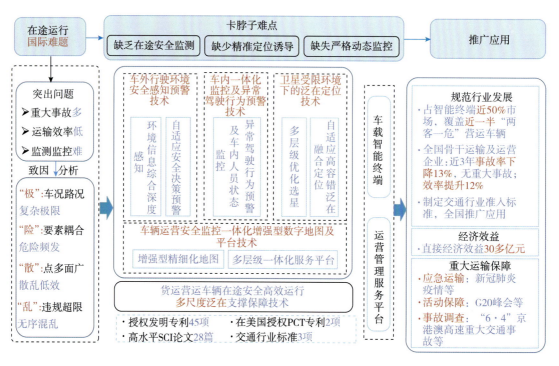

图 4-9 货运营运车辆在途智能化监控项目总体技术思路

(1)系统突破高动态运行工况下车辆在途运行的车外行驶环境安全感知预警技术(见图 4-10),解决因运行环境复杂且多要素强耦合易导致营运车辆安全事故的难题,系统攻克了高动态工况下车外行驶环境"感知—决策—预警"全链条主动安全核心技术的难题,首创了传感器失效条件下车辆自身与环境车辆多维相对运动参数交互多模型鲁棒估计技术，系统研发出涵盖防碰撞、车道偏离等预警功能的安全预警技术，实现车辆/行人/车道线的综合感知预警，预警漏报率不超过 1.64%（传统技术感知目标较为单一且预警漏报率不超过 3%）。

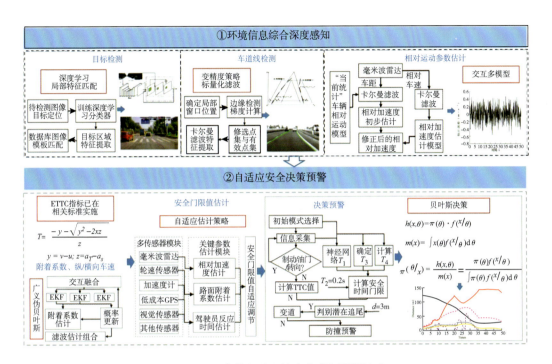

图 4-10　车外行驶环境安全感知预警技术

（2）全面攻克在途运行全程的车内一体化监控及异常驾驶行为预警技术（见图 4-11）。解决营运车辆长途运行易因驾驶员异常行为导致安全事故的难题，系统攻克了在途运行全程的车内人员状态一体化监控、存储、传输、数据恢复及异常驾驶行为预警技术的难题，发明了人脸/车辆行为特征融合的减法聚类优化模糊神经网络异常驾驶行为监测技术。实现了对车内人员综合监控，其中驾驶员危险行为识别准确率≥96.7%（传统技术主要实现驾驶员危险行为识别，准确率≥95%）。

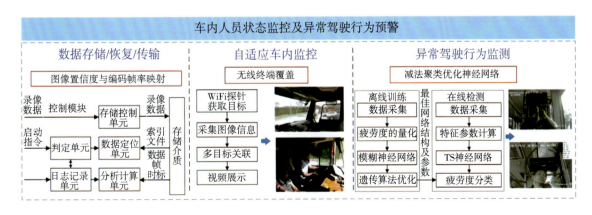

图 4-11　车内一体化监控及异常驾驶行为预警技术

（3）系统还包括卫星受限环境下车辆在途自适应高可靠泛在定位技术（见图 4-12）。针对车辆运行过程中高大建筑、隧道等复杂环境下存在卫星定位盲区，从而难以实时准确对车辆进行定位诱导监控服务的难题，系统首创了分散化协同滤波泛在传感器无缝接入/脱离自适应融合架构，提出了微机械惯性传感器粗细多粒度滤波去噪技术（传统技术仅以固定模型进行简单降噪），构建了低成本泛在传感器辅助多模卫星的智能融合定位系统，提出了联合解析冗余与时序冗余的系统级故障诊断隔离机制。卫星信号失效几十秒后依靠提出的融合惯性传感器/车载传感器的智能融合定位算法的平均误差仍在米级（传统技术在卫星信号失效几十秒后定位误差在几十米甚至上百米）。

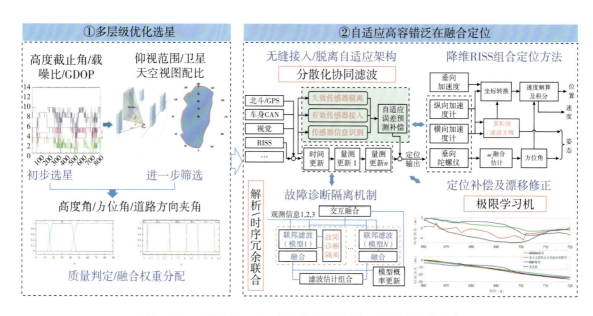

图 4-12　卫星受限环境下车辆在途自适应高可靠泛在定位技术

（4）突破车辆运营安全监控一体化增强型数字地图及服务技术（见图 4-13）。解决营运车辆运行过程中因信息精度低、服务能力弱导致运营低效、安全风险大的问题，构建了面向运输监控服务的融入多维车道级信息的增强型数字地图，包含道路方向、坡度等信息（传统技术以低精度的道路级地图为主），系统研发了深度绑定运行监控和远程预警的"司乘人员—在途车辆—运营企业"多层级、立体化运营管理服务平台，服务功能显著增强。

4.2.1.3　小结

本项目已获授权发明专利45项（含在美国授权PCT的专利2项），其他知识产权26项，制定交通行业标准3项。项目技术成果已大规模应用，经济社会效益显著。

车内外行驶环境安全感知预警及自适应高可靠定位等技术，已应用于我国顶尖终端生产企业（海康汽车、浙江大华等）的主流车载智能监控终端产品中，占全国车载智能监控终端近50%的市场份额，覆盖近一半"两客一危"营运车辆；而一体化增强型数字地图及服务技术已应用于全国知名的货运车辆互联网平台北京G7，构建了全国领先的运营监控一体化服务平台。

项目所制定的行业标准已得到交通运输部、公安部等部委高度认可并推行应用于全国，已

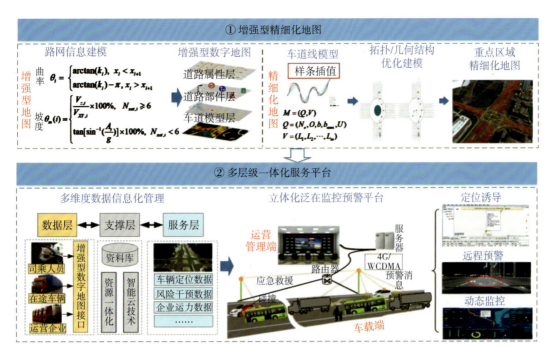

图 4-13 车辆运营安全监控一体化增强型数字地图及服务技术

成为全国各省对车载终端进行备案工作的依据标准。

4.2.2 多式联运技术装备体系创新和工程应用

4.2.2.1 项目背景

我国内陆集装箱运输伴随着外贸集装箱运输发展起来，目前大部分采用的是国际标准集装箱。ISO 标准的集装箱应用于内陆运输存在着与我国现阶段交通运输设备不匹配的问题，客观要求我们重新审视和研究制定新的内陆集装箱箱型标准。在运输环节中存在以下问题。

1. 集装箱内部尺寸与托盘等物流装备尺寸不匹配

集装箱内部尺寸与现有物流装备尺寸不匹配问题主要体现在托盘上。作为集装单元化运输模式中常用的两种物流装备，集装箱和托盘的匹配性直接影响到集装箱装载率和装载效率，从而影响供应链效率和物流成本。

我国国家标准中，1200mm×1000mm 尺寸的集装箱为优先推荐规格，ISO 标准的集装箱内部宽度 2330mm，无法并排摆放两个标准托盘，目前仅可采用一横一竖的摆放方式，这样就导致集装箱装运货物既不能满载，也不利于机械化作业，无法有效提高物流效率，降低物流成本。

2. 集装箱外部尺寸与公路铁路等运输设施和装备冲突

我国的铁路车辆宽度超过 3000mm，公路运输车辆的限宽是 2500mm，整体封闭式的厢式货车车宽最大限值为 2550mm，而 ISO 标准集装箱的外部宽度是 2438mm，铁路和公路运输均存在着运能浪费的现象，特别是在运力紧张的情况下，浪费运能被广泛诟病。

4.2.2.2 项目科学技术内容

该项目在基于协同理论对集装箱运输系统匹配性进行分析的基础上，借鉴欧美发达国家内陆集装箱运输发展经验，提出了适合我国内陆集装箱运输的新箱型技术方案，并对新箱型的经济性和箱型影响因素展开了深入分析和研究。在此基础上，提出了我国内陆集装箱箱型标准序列和相关标准，完成了我国新型内陆集装箱箱型标准，系统提出了以"区域标准化"为特征的新型内陆集装箱体系的实施和推进政策体系。

1. 基于协同理论分析我国集装箱运输系统装备匹配性

托盘、集装箱、运输车辆、装卸工具等集装箱运输系统装备的匹配性建立在合理的模数基础上，而托盘是反映运输模数的最基础装备。该项目依据我国市场应用最为广泛的1200mm×1000mm尺寸的托盘，开展集装箱运输系统装备匹配性研究。

不同箱宽对标准托盘装载率影响很大，以ISO标准集装箱装载标准的1200mm×1000mm系列托盘为例：由于集装箱内部宽度为2330mm，托盘在集装箱中只能采用一横一顺的布置方式。这种装箱方式作业非常困难，既不容易满载也不利于机械化作业，如果采用叉车装箱则需要使用四向进叉的托盘。此外，一横一顺的布置方式使托盘之间存有较大的空隙，这又需要增加使用空隙填料和加固材料。

新型内陆集装箱将集装箱箱宽设置为2550mm，其内部宽度为2464mm，刚好可以并排摆下两个标准托盘，叉车装箱时无须再采用繁杂的四向进叉的装载方式，既可提高集装箱装载率，又可大幅提高其装载效率，降低物流成本（见图4-14和图4-15）。

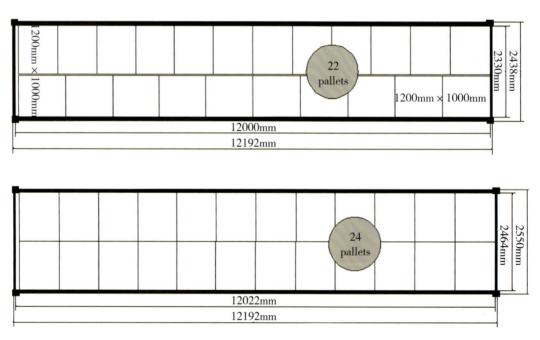

图4-14 ISO标准集装箱和新型内陆集装箱装载1200mm×1000mm托盘示意

图 4 - 15　ISO 标准集装箱和新型内陆集装箱并排摆放 1200mm × 1000mm 托盘

2. 采用多因素综合评价和标准经济学的方法分析我国内陆集装箱运输箱型影响因素

从技术可行性、经济可行性和政策法规适应性等方面，采用多因素综合评价和标准经济学的方法，系统地分析了我国内陆集装箱运输箱型影响因素。

（1）经济因素。从经济发展水平、产业结构调整和物流成本三个方面深入分析了经济因素对我国内陆集装箱箱型的影响。

（2）装载与工艺因素。从货物集装箱化率、货源结构和集装箱工艺三个方面阐述了其对箱型的影响。

（3）与国家政策法规的适应性。针对公路运输限界和铁路限界分析了国家政策法规对箱型的影响。

（4）与托盘标准的适应性。回顾了托盘标准尺寸的演变过程，分析了托盘背后的经济利益及其对箱型的影响。

（5）与 ISO 标准集装箱运输系统的兼容性。

（6）与欧洲大陆集装箱标准的相近性。

3. 完成新型内陆集装箱箱型设计，提出系列 2 集装箱规格标准

综合考虑各种因素，完成了新型内陆集装箱箱型设计，新箱型与 ISO 标准集装箱箱型相比主要进行了以下方面的结构改进设计。

（1）门框和底横梁的改进设计。

（2）集装箱的宽度由 2438mm 改为 2550mm。

（3）采用宽体特种角件设计。

在此基础上提出了系列 2 集装箱规格标准。

（1）研发了 20 英尺 35 吨内陆敞顶箱。攻克了没有铁路专用线的中小型厂矿企业散堆装货物的运输技术难题，研制了 20 英尺 35 吨内陆敞顶箱。将 450M ~ 550MPa 级高强度耐候钢应用于箱体设计，通过箱体、支撑杆等结构优化设计，实现了箱体设计轻量化。运用结构优化设计理论和有限元分析技术，优化箱体波形设计，合理选择板厚，解决了箱壁外胀难题。提出了敞顶箱的活动式篷布支撑杆苫盖技术方案，解决了防雨、防盗、抑尘等关键技术难题，满足各种装卸机械作业要求。创新设计超宽角件，解决了对敞车地板、堆场地面的压强技术要求。图4-16为20英尺35吨内陆敞顶箱专列。

图4-16 20英尺35吨内陆敞顶箱专列

（2）研发了45英尺内陆通用箱。针对铁路装运轻泡货物的门到门物流运输需求，研制了45英尺内陆通用箱，解决了轻型货物铁路装运问题。运用有限元分析技术，创新设计U形顶中楣、双槽型中立柱等紧凑型结构，简化了加工工艺，增大了箱内容积，减轻了自重。创新设计了高强度和刚度的大门槛结构，解决了大吨位叉车进出集装箱装卸货物问题。优化角件位置设置，兼容了ISO标准集装箱运输系统，解决了现有吊具装卸的问题。底侧梁设置便于抓臂式吊具作业的结构，解决了内陆集装箱国际多式联运问题。

（3）研发了1.5吨铁路小型集装箱。针对体积小、品类杂、批量小、批次多的零散货物，研制了1.5吨铁路小型集装箱，便于两端配送装卸，解决了零散货物运输市场需求。箱体四周采用防撞结构、门端设有防撞梁、底横梁和底纵梁组焊成井字形、角柱上方设有堆码板等结构创新，满足了箱体的防撞、四向叉举装卸、堆码等作业要求。

（4）研发了45英尺柴电一体式冷藏箱。攻克了传统铁路冷藏车在途持续制冷时间不足和不适应门到门运输的技术难题，研制了单箱制冷的45英尺柴电一体式冷藏箱，助力传统铁路冷藏运输向冷链物流发展。创新设计了针对铁路运输工况的保护框，满足了防撞、防振、防盗等要求。运用卫星定位、自动监测、自动调控、双向通信等技术，构建了冷藏箱远程监管平台，实现了冷藏箱的定位、追踪和实时远程监控。

（5）研发了20英尺系列框架罐式箱。针对液体货物、粉状货物的快速增长运输需求，自主研制了铁路20英尺系列框架罐式箱，大量选用节能材料，为液体货物运输提供了安全、经济、便捷、环保的解决方案。创新设计回字形的上侧梁和前后端梁，优化端下梁和底侧梁结构，解决了敞顶箱装运安全和装卸作业冲击问题。具备上装下卸功能，优化下卸料阀的安装结构和工艺，突破了铁路传统罐式集装箱上装上卸的禁锢。优化沥青罐体内部蛇管布置，显著提高外加热的热效率，突破冬季罐式集装箱运输沥青的难题。

（6）研发了板架式集装箱。针对迅速增长的微型汽车、轻型货车、农用车等物流化运输需求，自主研制了便于堆叠回送的板架式集装箱，设计了专用双向螺旋的止轮器、专用紧固索具、专用垫板、专用车厢卡板等专用器具，实现了横装、顺装、爬装等装载方式，为微型汽车、轻型货车、农用车等货物的运输提供了高效的集装化解决方案。

（7）形成了完善的铁路集装箱技术装备体系。适应市场需求，创新性研制了 20 英尺 35 吨内陆敞顶箱、20 英尺 35 吨通用箱、20 英尺 35 吨干散货集装箱、20 英尺系列框架罐式箱、45 英尺柴电一体式冷藏箱、45 英尺内陆通用箱、25 英尺和 50 英尺板架式集装箱、1.5 吨铁路小型集装箱等铁路系列集装箱，形成了完善的铁路集装箱技术装备体系，建立了对应的技术标准体系，编制了《45 英尺内陆通用集装箱暂行技术条件》《1.5 吨铁路小型集装箱暂行技术条件》《20 英尺 35 吨干散货集装箱装运方案》《铁路集装箱和集装箱平车装运方案》等一系列技术规范。

4. 完成新型内陆集装箱装卸作业解决方案，提出与 ISO 标准集装箱兼容方案

ISO 标准集装箱已有一套完备的运输作业要求及基础设施配备，内陆新箱型是对现有 ISO 标准集装箱箱型的补充，故在设计新箱型外形时，应考虑现有运输车辆、装卸设备。相关的技术解决方案主要从角件这一零部件入手。经与混搭角件方案、顶部异构角件方案反复对比，最终采用了特种角件方案。

特种角件方案即上下角件均采用非标角件，箱体上下的最大宽度均为 2550mm，外观上与标准箱基本一致。角件按照其上开孔的中心线定位，使得集装箱适合于 ISO 标准尺寸的运输和装卸设备对其进行装卸和运输作业。角件沿箱长和箱宽方向的开孔中心距和对角线偏差，符合 ISO 标准集装箱角件的规定。该方案的特点是整体性较好，便于组织生产，对现有的运输体系适应性较好（见图 4 - 17）。

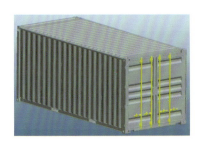

图 4 - 17 箱体外形设计方案效果图及前顶角件联结结构示意

5. 基于内陆集装箱干线运输与物流配送的运输组织模式创新

（1）集装箱试验组织创新。建立了标准规范的集装箱综合试验大纲，从集装箱侧壁试验、地板小车试验、叉举试验、吊顶试验、堆码试验、箱内加载试验及铁路冲击试验，对内陆集装箱进行测试，确保了运用安全，实现了试验组织创新。

（2）集装箱投资购置模式创新。在集装箱购置和运用管理方面，突破传统的国铁集团单一投资购置模式，创新性地提出国铁箱、局属箱、自备箱三种模式，取得显著成效。

（3）全路1.5吨铁路小型集装箱管理创新。在国铁集团层级构建数据中心，建立了全路1.5吨铁路小型集装箱管理信息系统，具有发到管理、进出站管理、调令管理、资产管理、综合查询、统计分析等功能，实现了铁路小型集装箱的实时定位、追踪，提升了铁路运输的货运服务质量和市场竞争力。

（4）集装箱运输组织创新。基于降低物流全链条成本的思路，设计自备箱空重联运一折优惠、空箱免费堆存的业务流程和单据，吸引海运箱等自备集装箱运输。提出比照铁路箱管理自备箱的思路，对自备的20英尺35吨内陆敞顶箱免费回送，吸引客户购置12万余只集装箱。

（5）创新管理措施，打造物流品牌。项目成果实施后，国铁集团出台一系列管理办法和措施，实现成件包装货物、小批量零散货物、大批量散堆装货物、液体货物等全品类物流：通用集装箱装载成件包装货物；1.5吨铁路小型集装箱装载零散货物，实现两端配送和机械化作业，提高货物运输质量；敞顶箱、干散货箱装载煤、焦炭、矿石、粮食等散堆装货物，促进了增运增收；液体食品和液体化工品采用罐箱运输，大幅提升运输品质。推出5800只中欧班列专用箱，绘制统一Logo，为打造中欧班列国际物流品牌作出贡献。

6. 创新提出我国双层集装箱运输技术条件系统优化方案

立足推进我国铁路双层集装箱运输更好发展，通过系统研究美国、加拿大、澳大利亚、欧洲及我国双层集装箱运输经验与不足，创新提出更为适应我国铁路实际情况的双层集装箱运输技术条件。

（1）解决双层集装箱箱间连接和锁固存在操作烦琐、可靠性不高等关键技术难题。针对上述难题，该项目采用单向性安装、重力锁芯等创新性结构设计技术，研发S1Z型双层集装箱全自动连接锁，编制《双层集装箱连接锁暂行技术条件》（已由国铁集团印发公布，文号为TJ/KH 026—2018），产品在宁波—绍兴的双层集装箱班列中应用，提高了作业效率，保证了双层集装箱运输安全。

（2）创新提出双高集装箱运输装载方案及配载技术条件。针对双层集装箱装载方案单一问题，课题组基于现行接触网高度条件，创新提出2只40英尺、4只20英尺双层集装箱运输装载方案及配载技术条件，扩大适运货物范围；针对2896mm高集装箱保有比例不断扩大的发展趋势，创新提出2只40英尺、2只20英尺加1只40英尺、4只20英尺双高集装箱运输装载方案及配载技术条件，支撑双高集装箱运输试验研究、推进。

（3）创新提出普通线路上发展双层集装箱运输理念。针对现行双层集装箱运输模式对线路边界条件要求高的问题，创新提出在普通线路上发展双层集装箱运输理念、高度低于1991mm

的 1AX 型 40 英尺、1EX 型 45 英尺开顶集装箱设计概念。创新提出 2 只 1AX 型 40 英尺、1 只 1AX 型 40 英尺加 1 只 1EX 型 45 英尺双层开顶集装箱装载方案，每延米载重能力较现行 40 英尺集装箱普通平车运输工况提高近 1 倍，同 20 英尺敞顶箱优势互补，为较长货物入箱创造有利条件。

（4）创新提出六轴跨装式/非跨装式双层集装箱专用平车总体技术方案。针对现行双层集装箱专用平车载重能力低问题及双高集装箱运输需求，创新提出六轴跨装式/非跨装式双层集装箱专用平车总体技术方案，跨装式平车在两车连接处多运输 1 只 20 英尺集装箱，延米载重能力提高 35.3%。

4.2.2.3　小结

该项目已获发明专利 6 项，实用新型专利 11 项，外观设计专利 3 项，登记著作权 2 项，发表论文 8 篇，制定国家、交通行业和国铁集团标准 3 项，设计图纸 3 份，制定国铁集团文件 10 项。

该项目研究成果已经大规模应用。在工业领域，开发出新型内陆集装箱产品，丰富了产品类型，满足了客户的不同需求，为集装箱产业提升提供了重要的机遇和条件。在运输领域，中国铁路已大规模应用新型内陆集装箱，成为主要箱型，并开展了铁水联运试用，获得了客户的好评。随着我国联运体系的进一步发展和完善，项目成果的应用将更加广泛。通过技术创新和工程应用，2014 年 1 月至 2020 年 6 月，中国铁路共投入使用各类集装箱 46.1 万只，完成货物运输量 3.94 亿吨，产生运单收入 443 亿元。2020 年 6 月日均完成集装箱发送量 62717 TEU，是 2013 年的 5.2 倍。该项目的研究成果通过示范应用和标准化等手段进行推广，按照物流装备与运输工具匹配性的原则，为综合规划交通运输体系和一体化运输顶层设计提供技术参考和借鉴。

4.2.3　大型机械结构件智能化焊接制造生产物流系统研发与应用

4.2.3.1　项目背景

随着国外先进机械制造产品大规模涌入中国市场，我国机械制造业面临着前所未有的机遇和挑战。我国机械制造行业也由原来的粗放式、人工生产模式向自动化和信息化模式转变，对焊接制造效率、焊接质量、生产物流效率等提出更高的要求。

大型机械结构件（如大型压力机、大型节能环保染色机、工程机械等）的焊接制造极易受到不同结构与不同尺寸三维焊缝、焊接道次和焊接顺序等约束条件影响。大型机械结构件的焊接制造水平，对大型机械的技术性能、使用寿命和制造成本有着极大的影响。大型机械结构件的制造质量不仅与焊接过程中焊缝路径的先后顺序、焊接工艺有关，还受到焊接生产过程中各部件物料的运输情况的影响，亟须解决的主要问题如下。

1. 大型机械结构件的焊接路径优化及焊接质量的在线检测

由于大型机械结构件不同部位使用的板材厚度、形状不一，因此在焊接过程中易出现热变形、焊接残余应力集中等问题，有可能造成焊接不牢、整个大型机械结构件变形甚至报废，经济损失巨大。因此需要解决焊接顺序、焊接路径优化、焊件运输次序及焊接成形在线检测问题。

2. 焊接工件在多工位之间的物流传输问题

由于焊接过程受到大型机械结构件自身结构特点限制，焊接工件运输在整个生产过程中存在物流不畅、人工干预过多、安全隐患多、效率低等问题，需要解决机器人上下料、焊件输送、变位机协调、物流辅助焊接机构控制等问题。

3. 多焊接机器人的协同控制

由于大型机械结构件体积较大、结构复杂、部件众多，焊缝可达上百条，需通过各工位焊接优化，对多焊接机器人实现通信与协同控制，从而提高焊接生产效率和产品质量。

该项目通过大型机械结构件智能化焊接制造生产物流系统的研发，实现了焊接生产制造及其物流过程的有机结合，同时为工业生产中的焊接自动化、无人化提供了解决方案，具有重要的工程应用价值。

4.2.3.2 项目科学技术内容

该项目针对大型机械结构件体积大、焊缝多、结构复杂等特点，利用有限元分析技术实现焊缝路径优化，确定焊接顺序，减少焊接热变形，提高焊接质量，并为后续多焊接机器人协同控制及焊接生产中物流系统设计及优化提供依据。大型机械结构件智能化焊接制造生产物流系统结构及流程如图 4-18 所示。

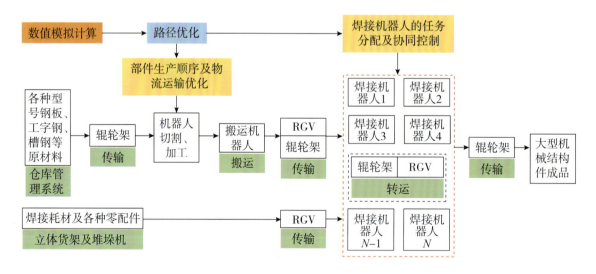

图 4-18　大型机械结构件智能化焊接制造生产物流系统结构及流程

研究成果的详细科学技术内容如下。

1. 结合有限元分析技术实现大型机械结构件的焊缝路径优化

（1）研究使用热弹塑性分析理论进行大型装备焊接变形分析，实时监控焊接过程的热应变行为，计算热应力和应变量，根据材料的相图并结合材料热物理性能参数，精确计算焊接过程中整个结构件的温度场、应力场，把焊接热应力场视为瞬态的非线性问题，同时用增量理论、弹塑性模型对整个焊接过程实现全程模拟，确定焊件传递顺序和物流系统的有序控制。

（2）通过对大型机械结构件进行模拟和焊接工艺分析，获得对典型结构件影响最短的焊接路径和最优的工艺方法，利用大型机械结构件焊接模拟过程中的相关结果规划大型装备整机的焊接路径，再进行大型装备机器人焊接的校验。大型装备由不同形状、不同厚度的材料焊接而成，每两块型材的焊接可以视为结构件的多层多道焊，研究大型装备机器人焊接顺序对机身变形的影响，通过设计多种焊接方案，并与焊件输送物流有机结合。

（3）建立基于双椭球形焊接热源模型，设定焊接计算边界条件，结合 MSC.Marc 的区域分解法（DDM）技术对计算区域进行区域自动划分，结合设计的焊接方案进行数值模拟计算，获得各方案的热变形数据。根据最小变形原则，确定大型机械结构件焊接过程中焊缝路径优化方案，实现焊接制造生产物流系统的最优控制。

2. 焊接部件多工位间物流传输系统

（1）根据大型机械结构件焊缝优化结果确定各焊接机器人之间部件的物流顺序，并根据传输部件特征和传输距离设计传输工具，建立物流传输系统。

（2）物流传输系统主要包括自动下料装备、抓取搬运机器人设备、自动化高架立体仓库系统、自动化输送系统、自动导引车及自动码垛系统、逻辑控制系统和计算机集成化物流管理系统等，融合光学、机械、电气技术，实现高效、高可靠度的焊接制造生产物流系统。

（3）抓取搬运机器人的设计。针对不同工件外形设计专用搬运、上料机械手，采用交流伺服驱动技术和高精度高刚度减速装置，在获取良好的低速稳定性的同时保证高速动态响应。

（4）焊接制造生产物流系统中的传输系统。焊接材料的生产物料具有多品种、大批量等特点，原材料主要有金属板材、盘条、粉料等，半成品有焊芯、湿粉等物料，物料的特点是体积大、质量重、转运频次高、转运量大，对传输系统要求较高。传输系统包括两大部分，一部分是用于调配控制的信号传输系统，另一部分是用于物料传递的机械结构系统。传输系统硬件架构分为底层、中间层、上层3层。底层是数据采集层，应用串口服务器、PLC（可编程逻辑控制器）等一方面通过 Profibus（过程现场总线）获取设备通信状态，另一方面通过传感系统采集关键参数，从而获取现场生产焊接数据。系统包括设备管理模块、故障诊断模块两大基本模块。

采用的传输硬件主要包括传动带和 RGV（有轨制导车辆），具有更强的装载能力和运输效率，通过特定的轨道实现对于物体的横向运输。RGV 包含以下硬件部分：减速电机、控制 PLC、人机界面触摸屏、变压器、链条、关键轴承、带座轴承、普通轴承、中央处理器PLC、人机交互界面、接近开关、接触器、继电器、变频器、检测器件、车轮、防撞装置、无线通信装置等。

（5）材料的存储及上下层焊件输送物流系统设计。项目采用立体仓库货架及全自动巷道式地轨堆垛机，实现各焊接部件的高效存储。立体货架均采用巷道式立体仓库，设有焊接消耗原料库、切割材料库，采用工业型材搭建。全自动巷道式地轨堆垛机结构稳定，传输平稳；采用PLC，X、Y交流伺服电机驱动；差动式滑叉取放托盘；具备手动、自动、单机及联机运行功能。

（6）各工位间焊接部件的转运系统。按照一定间距设置若干个辊子设计辊道输送系统，实现多工位之间大型部件的物资输运，实现钢板、型钢、工字钢及生产线后端大型机械结构件等大吨位、大尺寸工件的物流转运，减少行车的操作风险及人工介入，提高工作效率。同时设计有轨道型输送机构，辅助机器人的顺序焊接及不同焊件的传递控制，实现焊前工件与焊后工件的交替输送。

3. 多台焊接机器人的通信与协同控制

（1）根据大型机械结构件焊接路径优化结果，确定各焊接机器人、焊件传送辅助焊接机构、物流输送机构的焊接启动时间及协调控制。

（2）应用光电、激光、电弧传感技术获取焊缝偏置信息，构建焊缝位置测量系统，研发焊缝跟踪控制器。研制焊炬多轴联动驱动控制系统，建立大型机械结构件半封闭结构焊接环境下焊炬多轴联动及机器人通信协调控制，在焊缝跟踪控制基础上对焊缝偏差进行最优状态估计。

（3）多焊接机器人系统多轴联动协调控制技术。根据焊接速度和三维焊缝不同点的位置坐标，通过龙门架带动多个机器人控制焊炬不断变换姿态，同时经通信协调焊件物流控制系统，实现大型机械结构件三维复杂焊缝自动焊接的联动伺服驱动控制。

4. 焊接质量及物流系统的在线检测

（1）以典型焊接工艺的焊接为对象，研发焊接缺陷的激光视觉、磁光成像检测方法。焊接工艺及材料的差异对焊缝成型缺陷的影响将直接体现在磁光成像特征，详细分析以磁感应和法拉第磁光旋转效应构成的磁光传感方法对不同晶体介质结构缺陷的磁光成像特征，寻求可以获取丰富完整焊缝缺陷信息的磁光成像检测方法，研究多种焊接工艺及不同材料的焊缝缺陷激光视觉与磁光成像变化规律。

（2）设计基于模型参考和数据驱动的支持向量机焊接缺陷分类器。传统的支持向量机分类技术的准确性主要依赖于传感器所获取的特征向量的独立程度，而其泛化能力则受制于训练集的完整程度。为了避免不同缺陷的非线性相关特征及训练集不完整导致的分类器性能退化，开发了数据驱动与规律模型相结合的非线性分类器。通过比较传感器获取的焊接缺陷特征实时数据与模拟获得的典型缺陷磁场分布模型的相关性，结合基于核函数的线性判别分析法，构建基于监督式非线性映射的独立特征向量，为提高支持向量机的分类准确性提供稳定可靠的输入参量。

（3）应用光电、射频、激光视觉等方法，实现物流传输系统的定位、运动控制、速度、焊件位置、焊件输送次序等精确检测，保证系统的可靠、准确运转，从而有效辅助机器人的自动焊接，形成高效率、高可靠性的自动化焊接生产流水线。

4.2.3.3 小结

该项目研发大型机械结构件智能化焊接制造生产物流系统，实现焊接生产制造及其物流过程的有机结合，同时为工业生产自动化、无人化焊接提供解决方案，具有重要的工程应用价值。

生产物流系统的研发与应用，加快了焊接过程各环节的输送速度，有效提高了焊接质量和生产效率，相关研究成果已被授权多项国家专利，并成功应用于长沙华恒机器人系统有限公司、广东锻压机床厂有限公司、高勋绿色智能装备（广州）有限公司、广汽丰田物流有限公司、东莞市中海龙仓储有限公司等多家企业。焊接生产效率提高 2 倍以上，机器人自动焊接率达到 85% 以上，减少 80% 的人工，并大幅改善工人的工作环境，减少 30% 的企业仓储成本，实现按订单高效率生产，有效提高企业的焊接制造生产效率和产品质量，近三年创造经济效益 14 亿元以上。项目的实施改善了焊接工人恶劣的工作环境（电弧、辐射、烟尘、飞溅、有害气体等），并使工人从高强度体力搬运的工作模式中解放出来，提高了企业的信息化和自动化水平，对相关制造企业的升级改造起到示范作用。

物流行业热点进展 5

我国物流业发展增速趋缓。受新冠肺炎疫情影响，大到全球化的物资供应，小到社区邻里的包裹投递……一系列新的挑战与机遇，让物流行业的前景再度充满变数。

在这场物流行业的"大考"中，拥有打通上下游的数字化供应链基础设施以及遍及全球的物流仓配网络等资源的企业，优势得以进一步彰显。而"无接触配送""新基建""即时物流""航空货运""共享物流"等热词被高频提及，昭示着行业前行的方向。正如国家邮政局发布的《邮政强国建设行动纲要》所明确的，要拓宽"寄递+"领域，提升服务农村电商、跨境电商、智能制造、零售新业态等的质量和水平，支持即时递送等新业态新模式发展；加快产业数字化转型，拓展人工智能、区块链等重点技术应用范围；建立通达全球的寄递服务体系。

本章将概述即时物流和农村物流的发展态势，揭示其发展内涵，通过分析具体的案例和情景的模拟畅想来揭示对物流企业的启示。

5.1 即时物流

5.1.1 即时物流简介

即时物流作为现代配送的形式之一，是在传统"送货"意义的基础上发展而来的，是指配送平台接到用户通过 PC（个人计算机）或者移动互联网渠道即时提出的配送到达时间、数量等方面的配送要求，无中转、无仓储、点对点的同城范围内极速、准时完成的配送服务。而"懒人经济"和"生活快节奏"则推动了即时配送物流市场的快速发展，用户规模不断扩大，越来越多的人开始享受各大平台提供的便捷到家服务。

即时配送与传统快递不同，体现在其时效性要求高、服务要求高、规模效应相对较弱等特点上。这也造成了即时配送与传统快递在运营模式上存在不同：即时配送的骑手以"拼单"（如外卖配送）或"专人直送"（如跑腿服务）的方式，独自完成从揽收到派送的"门到门"服务，不存在中转。而传统快递无论是加盟制还是直营制，典型模式均为"揽收—中转—派送"，如图 5 - 1 所示。

即时配送与传统快递的区别如下。

（1）时效性要求高：即时配送的需求多来自餐饮、鲜花、蛋糕、药品、文件等保质期短或要求较紧急的细分品类。

（2）服务要求高：除时效性要求外，即时配送的物品如餐饮、鲜花等需要配送员在配送过程中保证物品完好无损；此外，提供跑腿服务的公司首先需要建立品牌和信任度，消费者才愿意

图 5-1　传统快递模式 VS 即时配送模式

资料来源：国盛证券研究所。

将文件、电子产品托付给骑手配送。

（3）规模效应相对较弱：随着订单量的增加，快递公司每件快递平摊到机器设备等上面的投资成本越小，增加一件快递的边际成本几乎为零，故规模效应显著。而即时配送类似传统快递的末端配送环节，属于人力密集型行业，很难通过机器取代人力而降低成本，订单量的增加将直接增加人工成本，规模效应相对较弱。

当前，即时物流已经从同城配送、外卖领域切入，逐步拓展到生鲜、商超配送领域，未来将扩展到更为广泛的快递末端领域。

5.1.2　即时物流的发展现状

中国的即时配送服务起源于餐饮，2006 年下半年，肯德基在上海首推"宅急送"，开始涉足外卖市场；2008 年麦当劳的"麦乐送"诞生，开启了外送服务。随着技术进步、智能手机和互联网的普及，外卖下单形式多种多样。经过多年的市场竞争，具备巨大流量入口的美团配送和饿了么的蜂鸟即配依靠平台优势（见图 5-2），成为当前外卖配送的绝对垄断者。随着外卖在餐饮行业渗透率的不断提升，即时配送市场的规模也在不断扩大。

图 5-2　即时配送物流行业重要事件

如今，饿了么、美团外卖等外卖平台已不仅仅提供餐饮配送业务，还开发了药品配送、生鲜配送、跑腿业务等多种服务，同时与零售便利店进行合作，开展生活日用品的配送服务，发展成综合性的即时配送平台。

5.1.2.1 行业规模与订单来源

1. 即时配送市场规模

2015 年，我国餐饮业的外卖渗透率仅为 4.2%，到了 2019 年，外卖渗透率已达到 14%（见图 5 – 3）。伴随着外卖渗透率的提升，中国即时配送市场的订单量从 2014 年的 11.7 亿单增长到 2019 年的 184.9 亿单，年复合增长率达 73.68%，预计 2020 年市场规模将达到 243.7 亿单（见图 5 – 4）。

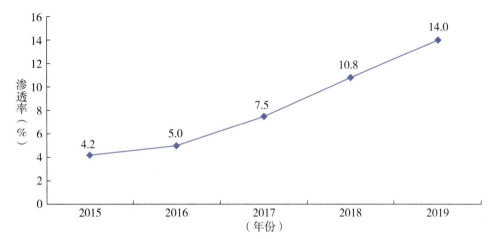

图 5 – 3　2015—2019 年中国外卖渗透率

资料来源：中国物流与采购联合会、美团。

图 5 – 4　2014—2020 年中国即时配送行业订单量规模及增长率

资料来源：中国物流与采购联合会、美团。

中国的即时配送市场成长速度快、市场空间十分广阔，主要有以下三个原因。①中国的劳动力充足，价格相对低廉。餐饮即时配送服务给中国创造了大量的就业机会，同时，即时配送的兴起也受益于这些充足且相对价格低廉的劳动力。据了解，中国每单即时配送的人工成本约为美国的 1/5。充足的人力加剧了行业的竞争，各平台纷纷提质增速，中国平均每单即时配送的送达时间为 35 分钟，而美国为 75 分钟。②互联网的兴起、移动通信设备的普及以及移动支付方式的兴起都为开拓即时配送市场打下了坚实的基础。③人们生活方式的转变也带动了即时配送行业的发展。食品消费这一需求是消费者最基本的需求之一，随着生活水平的提高，加之外卖下单简单便捷且成本效益高，更多的消费者选择线上订餐，人们基本需求的实现方式得到了转化。

2. 即时配送用户规模

根据中国物流与采购联合会的数据显示，2014—2019 年，中国即时配送市场用户规模从 1.24 亿人增长到 4.21 亿人，年复合增长率达 27.69%（见图 5-5）。同期，中国即时配送市场规模从 110.3 亿元增长到 1312.6 亿元，年复合增长率达 64.10%（见图 5-6）。预计 2020 年，中国即时配送市场的用户规模和市场规模将分别达到 4.82 亿人和 1700.8 亿元，同比分别增长 14.5% 和 29.6%。

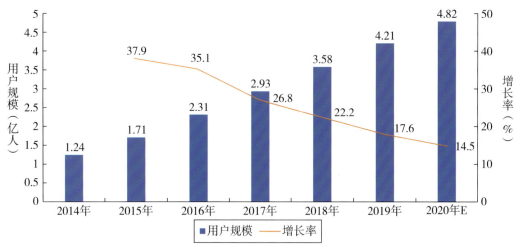

图 5-5　2014—2020 年中国即时配送用户规模及增长率

资料来源：中国物流与采购联合会、艾瑞咨询。

图 5-6　2014—2020 年中国即时配送行业市场规模及增长率

　资料来源：艾瑞咨询。

3. 即时配送订单品类

当前即时配送的细分品种正在不断扩充，已经从外卖延伸到零售便利、生鲜果蔬、鲜花蛋糕、医疗药品、紧急文件等领域。目前，根据中国物流与采购联合会数据显示，外卖依然是即时配送市场中最大的品类，按订单量看，美团与饿了么占比约为整个市场的98%。同时，其他细分品类的占比正在逐渐扩大。2018年，外卖订单量占比为81%，到2019年，该数据下降到70%，而生鲜果蔬、零售便利、鲜花蛋糕和其他的订单量占比均有增长，分别占比12%、10%、5%和3%，如图5-7所示。

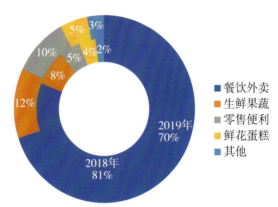

图5-7 中国即时配送市场细分品类订单量占比变化

资料来源：中国物流与采购联合会、国盛证券研究所。

5.1.2.2 市场体系

目前，即时物流市场主要有以下三个体系。

第一类是由外卖配送服务起家的美团配送、饿了么的蜂鸟即配等组成的，此类即时配送服务不限于自家平台的订单需求，还可以通过第三方平台为更多商家服务，从而获得更多订单，优化闲时运力配置。

第二类包括点我达、闪送、达达等专业配送平台，为饿了么、苏宁小店、京东到家等O2O平台和淘宝网、京东网以及系列餐饮品牌线上店等电商平台提供第三方众包配送服务。此类头部即时配送企业已经获得电商系巨头和资本市场的青睐，比如达达与京东到家合并、小米投资闪送。

第三类则是传统快递行业、快递电商行业入局即时物流市场而推出的短距离配送服务。比如顺丰速运推出的顺丰同城急送、即刻送、夜配三种同城即时配送服务；中通快递开通了"City Express"服务，加快即时配送服务领域布局；京东则通过"前置仓+配送"模式，推出"京瞬达"服务，满足前置仓附近3~5公里范围内的即时配送。

5.1.2.3 我国即时物流产业发展存在的问题

1. 需求集中且易受多方面因素影响

一方面，配送需求相对集中。以外卖配送为例，需求一般集中在上午十一点到下午六点，午饭单量占到了一天当中的一半以上。这种分布不平衡造成了大量运力在较长时间处于闲置状态，与此同时，还造成用餐时间配送相对拥挤、配送延迟等问题，并且这种集中不能够被转移。另外，外卖订单数量容易受到天气、节假日等因素的影响，这也造成了即时配送的不稳定性。当遭遇恶劣天气时，外卖订单数量会在一定程度上增加，但相应的配送难度也因交通等因素增大，这种矛盾难以调和。

2. 从业人员素质较低、流动性较大

即时物流行业从业人员素质较低、流动性较大是目前制约服务质量提升的关键症结。一方面，物流配送服务属于底层物流服务，并不需要较高的专业技能和学历。求职门槛低是造成流动性大的主要原因，从业人员可替代性太强，不利于形成区域稳定的服务团队，而且现在主要的众包模式对从业人员没有形成有效管理和约束，人员上岗没有经过系统筛查和培训就开展工作。另一方面，缺乏健全的保障体系也是造成从业人员素质低、流动性较大的原因，这需要政府、企业、员工三方共同协商解决。

3. 城市交通管制造成配送限制

即时物流配送所依赖的交通工具以电动自行车、摩托车为主，而随着城市交通运输管理条例不断严格，推出了一系列禁止摩托车和电动自行车上道的管理条例，这对当地即时物流配送业务造成了巨大影响。另外，电动自行车的城市续航也是一个巨大挑战，不同于新能源汽车等机动车辆，电动自行车并没有集中续航充电的固定场所，充电点的建设需要投入巨大的人力物力，应当借助政府或公益机构的力量。

5.1.3 即时物流应用案例分析

即时配送作为新兴的物流服务，不仅能更快、更准确地服务消费者，延伸传统物流服务的触角；还推动了商业模式的创新。过去，零售业的核心关键是选址，选址的优劣会直接影响到客流。但现在即时配送服务把商超覆盖的面积半径从过去的 500 米、1000 米拓展到 3～5 公里，零售企业的人效、坪效和商品效率大大提高。如果说，过去十年是上游电商平台主导了电商物流的发展，并培育出了规模居世界第一的中国快递市场；那么，如今的即时配送新业态已经具有倒逼商业创新、重构业态模式和优化供应链效率的能力。

顺丰同城急送作为即时物流的代表，其业务始于 2016 年，以"第三方即时物流平台"为定位，既能满足头部品牌客户的定制化、集中化需求，助力商家快速实现规模化经营，也能满足中小企业客户和个人用户的标准化、离散化的即时配送需求。截至 2020 年 6 月 30 日，顺丰同城急送已服务餐饮、商超、生鲜、服装等不同行业的众多头部品牌，服务超过 10 万中小企业和 2000 万个人用户，完成全国 200 多个城市的弹性网络全覆盖，已有专职配送人员 15000 多人（见表 5 - 1）。

表 5 – 1   顺丰同城急送发展里程碑

时间	发展里程碑
2016 年 6 月	顺丰同城急送成立，起初为中高端餐饮、商超等提供专职配送服务
2017 年 3 月	顺丰同城急送在全国连锁
2018 年 6 月	顺丰同城急送推出 C 端业务
2019 年 1 月	顺丰同城急送推出中小企业 B 端业务
2019 年 3 月	顺丰同城急送正式公司化独立运营
2019 年 9 月	顺丰同城急送推出跑腿业务
2020 年 5 月	顺丰同城急送推出"丰食"小程序，试水企业员工团餐外卖服务

资料来源：顺丰同城急送小程序、顺丰公司年报。

5.1.3.1　顺丰同城急送的双引擎——运营＋系统

众所周知，即时物流市场目前的订单结构仍然以外卖订单为主，占到了 70% 以上。而外卖订单的配送存在两大特点：第一，外卖订单大部分集中在中午，这使得很多配送企业不得不以高峰期的运营需求来匹配运力资源；第二，外卖对温度有一定的要求，必须在几十分钟内送达，这意味着它只能支持 3～5 公里范围内的配送。这种时间和空间上高度集中的特点，对于配送企业的业务模式和运力调配提出了极高要求。

为了解决这一痛点，顺丰同城急送在运营模式上进行了大量创新。比如空间的融合，在同一商圈内开发不同业态的商家，实现需求的错峰（比如外卖的配送高峰在中午、茶饮点心的配送高峰在下午三四点），充分运用运力资源。还有时间上的融合，因为不同场景的配送时效要求是不同的（比如文件通常是 2 小时送达，商超通常是 1 小时送达），引入更多不同时效的场景后，运力可以得到充分利用，调配起来也能有更大的弹性空间。

此外，为了支撑业务的发展，顺丰同城急送还开发了一套面向全场景的智能物流系统。根据北京顺丰同城科技有限公司 CTO 陈霖介绍，顺丰同城急送的智能物流系统主要分为以下四个层级。

一是用户管理系统。顺丰同城急送面向 C 端用户提供普通代送以及场景化的跑腿功能，在系统端除了为用户提供完整的下单、支付功能流程外，还在前端提供了智能地址推荐、粘贴等功能，同时后端还会通过用户画像对用户进行精细化运营和智能营销。

二是商户管理系统。为了最优化配送效率，系统不仅为商家提供了骑手到店时间预估、预约订单的备餐提醒、出餐通知调度等智能服务，还针对不同商家进行不同货物的出货提醒。在后端服务体系，系统还会对商家进行智能营销管理及智能分析，从商户的入驻到维护提供整体的智能引导和推荐，为每一家商户提供最高效的服务，确保商家在顺丰同城急送的平台上更完善和更长久运营。

三是智能融合调度系统。为了确保配送效果最优化，顺丰同城急送通过对调度的历史追溯，可以非常有效地分析和优化系统的每一次指派，比如这些订单是否出现问题。通过历史数据，系统可以分析问题出自算法、线下运营还是骑手操作，并对算法和骑手功能进行反馈更新，为算法的持续优化奠定基础。此外，顺丰同城急送还有完善的实时调度监控体系，确保在调度的各种状态和服务中不会出现偏差，并在出现偏差时能够智能监控并作出反馈。

四是运营底盘，共分为两大支撑系统。①智能配送系统。为了确保运力和配送的最优化，顺丰同城急送会对配送网络进行智能规划，并给出更合理的配送建议，优化线下运营和配送的效率。在配送范围最优化的基础上，可以在多网络中达成全局最优，而不仅仅局限在局部，这将帮助其提升运营效率并控制运营成本。②智能运力系统。确保为不同的骑手指派更优化的订单，智能运力系统为每个骑手定制个性化的品类以及接单能力，并进行个性化调度。除此之外，系统还针对不同时间段和不同骑手用户类型进行了优化。

运营模式和智能物流系统确保了顺丰同城急送出色的用户体验。以瑞幸咖啡为例，和顺丰同城急送的专人配送合作后，其 30 分钟送达率从 70% 提升到了 99.69%，平均订单配送时间缩短到了 16 分钟 43 秒。

5.1.3.2 差异化发展战略

1. 提供多种同城产品

即时物流的主要订单源自餐饮外卖需求，而目前外卖 O2O 市场呈现美团和饿了么二分天下的态势，且两家均有单独运营的配送板块服务自己的餐配业务，订单分发权被两大外卖平台所掌控。虽然两家外卖平台不可能消化所有的外卖订单，仍然有部分订单会流转到各个即时物流企业手中，但这多少有些受制于人。因此，未来顺丰同城急送势必需要去寻找更多分发权还没有被完全掌控的订单来源，例如新零售领域订单、快递订单和跑腿订单等。

顺丰同城急送显然早就意识到了这一点，并有针对地推出了 4 种产品，分别为"帮我送""帮我买""定制产品"和"标准产品"。"帮我送"和"帮我买"面向 C 端用户，"帮我送"提供同城范围内最快 30 分钟、平均 60 分钟的高时效配送服务，"帮我买"提供同城范围内的商铺代买服务，以上功能可通过"顺丰同城急送"小程序或 App 使用。"定制产品"和"标准产品"面向 B 端客户，"定制产品"提供新业态、新模式的定制化同城物流服务，"标准产品"提供标准化即时物流产品，包括高品质的品牌产品、配送时效稳定的时效产品和经济实惠、高性价比的经济产品（见图 5-8）。

除此之外，2020 年上半年，顺丰同城急送还推出了"丰食"小程序，用来提供企业预定送餐服务，目前仅针对顺丰内部员工，暂未对外开放。根据小程序界面，入驻商家包括德克士、和府捞面、老娘舅、乐凯撒、味千拉面、云海肴、真功夫等连锁餐饮，对早期入驻的商家，顺丰不收取任何佣金抽成费用。相较于其他外卖平台而言，对商家更具吸引力。

（一） （二） （三）

图 5 - 8 顺丰同城急送小程序界面示例

对于即时配送行业，流量入口是核心竞争力，拥有巨大流量的外卖平台美团和饿了么具备充足的订单来源；同样，与京东到家合并后，达达集团获得了在商超零售领域（京东到家、沃尔玛、永辉）的即时配送订单。其实顺丰的"团餐"业务不同于传统意义上的企业团餐（一般以承包制食堂为主），顺丰团餐可理解为 to B 端的外卖服务，流量入口依然重要。

顺丰的核心竞争力在于掌握大量 B 端客户资源（140 万名月结客户），这将为其新业务的发展打下良好的基础。对比来看，C 端外卖平台的发展既需要吸引商家入驻，同时需要依靠补贴大量积累 C 端客户，"烧钱"模式下市场仅剩两大寡头。而顺丰已拥有"现成"的企业 B 端客户，省下大量获客成本，加之餐饮商家入驻平台的转换成本低，团餐外卖配送将成为顺丰同城急送业务的新增长点。随着商家入驻的增多，顺丰或有机会与美团、饿了么在 C 端外卖市场一争高下。

2. **制定五种发展目标**

随着即时物流行业逐步趋于成熟，市场对于即时物流的需求已经不仅仅局限在商品配送的单一维度，还包括对品牌以及产品质量和服务匹配性的增值服务的需求。因此，对于一贯具有高端品牌形象的顺丰来说，深入挖掘针对中高端人群的服务或许是条不错的差异化发展之路。

北京顺丰同城科技有限公司 CEO 孙海金表示，公司对于行业未来的发展有以下三个判断。

第一，关于本地生活，在 to B 市场，随着平台第一阶段竞争的结果以及物流基础设施的完善，垂直和细分平台将会崛起。

第二，关于 to C 市场，跑腿业务将会延伸到各个板块和各种场景，且这个趋势将在接下来两三年迎来大规模的爆发。

第三，随着即时物流对传统同城快递的影响越来越大，两者之间将迎来更大程度的融合改造和新的模式。

基于这三个判断，顺丰同城急送也为自己设定了以下五个目标。

（1）优质——品质为本，打磨实力，优质服务。顺丰同城急送将在即时配送这一领域继续延续顺丰对优质服务的理解，为用户创造与众不同、全面化、稳定的服务。

（2）高效——运力融合，智慧调度，全局高效。与其他品牌的单一领域不同，顺丰同城急送可以整合不同运力，通过统一调度来满足多类别客户的多元化需求，力图做到全局最高效。

（3）全场景——聚焦全链条，满足全场景需求。顺丰同城急送基于多元场景，力争满足 B 端客户全场景需求，既能服务长距离需求，也能服务短距离需求；既能服务好高频的餐饮外卖配送需求，也能服务好中低频的 3C、服装、医药等行业配送需求。同时为 C 端消费者提供配送及代买服务。

（4）专业——奠定优质服务的基础。专业不仅体现在专业的服饰、载具和配送流程上，也体现在顺丰同城急送对骑手的选拔、对骑手素质的培养，以及对客户需求的深度探索上。

（5）温度——升华自身的品质内涵。首先，温度体现在对于骑手的关注和培养上，这是顺丰同城急送"温度"的基础。其次，通过高效配送和配套温控设备，得以精准控制配送物品到达用户手中的物理温度。同时，骑手的专业素养也可以让用户感知到服务的温度。

5.2　乡村物流

2020 年 5 月 22 日，国务院总理李克强作《政府工作报告》时提出，"支持电商、快递进农村，拓展农村消费"。事实上，自 2014 年起，"促进物流配送、快递业和网络购物发展""健全农村流通网络，支持电商和快递发展"等多次被重点提及。乡村物流的发展将以服务乡村振兴战略、助推脱贫攻坚、决胜全面建成小康社会、全面建设社会主义现代化国家的重大历史任务为主线，是新时代"三农"工作的抓手之一。

乡村物流究竟有哪些内涵？发展环境如何？我国乡村物流的痛点在何处？有哪些乡村物流相关的应用案例？本节将一一探寻。

5.2.1　乡村物流简介

任何一个概念的内涵都应该与时代背景相结合，因此，要理解乡村物流的内涵，首先要了解当下中国乡村物流发展所面临的时代背景和市场要求，分析乡村物流所承载的历史意义。

5.2.1.1 政策背景

近年来，随着国家对"三农"问题的关注，国家从政策层面大力支持乡村物流发展。通过各种相关政策可以发现国家乡村物流的发展重点主要包括以下八个。

（1）农村电子商务流通网络。具体包括加强交通运输、商贸流通、农业、供销、邮政等部门和单位及电商、快递企业对相关农村物流服务网络和设施的共享衔接，完善县乡村农村物流体系；发展第三方配送和共同配送，重点支持老少边穷地区物流设施建设，提高流通效率。

（2）农产品电子商务网络平台。建立农产品网络集货平台并实现其平台对接功能，建立农产品网络信用体系。

（3）科学规划和布局物流基地、中心。加大流通基础设施投入，如分拨中心、公共配送中心、末端配送网点。

（4）乡村物流标准化。运用互联网技术大力推进物流标准化，推进信息共享和互联互通。建立健全适应农村电商发展的农产品质量分级、采后处理、包装配送等标准体系。

（5）智慧乡村物流。运用北斗卫星导航系统、大数据、物联网等技术，构建智能化物流通道网络，建设智能化仓储体系、配送系统。

（6）农产品冷链物流体系。构建跨区域的农产品冷链物流体系，发展特色农产品产区预冷工程；支持建设农产品流通全程冷链系统；加强农产品产地预冷等冷链物流基础设施网络建设，完善鲜活农产品直供直销体系。

（7）"快递下乡"工程。鼓励大型电商平台企业开展农村电商服务，支持地方和行业健全农村电商服务体系；鼓励邮政企业等各类市场主体整合农村物流资源，建设改造农村物流公共服务中心和村级网点，切实解决好工业品下乡"最后一公里"问题。

（8）"互联网＋"农产品出村进城工程。推动贫困地区农产品上网销售，实现优质优价，助推脱贫攻坚；解决好农产品进城"最初一公里"问题。

5.2.1.2 经济发展背景

农村市场蕴含巨大消费潜力，到 2019 年，乡村消费增幅连续第 8 年超过城镇，近五年乡村消费品零售总额保持较快增长（见图 5－9），从而拉动了消费品进农村的物流需求。

5.2.1.3 特殊时期的发展背景

新冠肺炎疫情期间，在特殊防控的情况下，全国许多村庄进行封闭管理，道路封堵加大了物流运送的难度，许多日常与农户合作的物流公司在新冠肺炎疫情期间复工时间推迟，更加重了全国各地农户所销农产品的滞销问题。全面搞活农产品流通，进一步疏通农产品运销"绿色通道"，成为特殊时期引发的乡村物流更突出的问题。

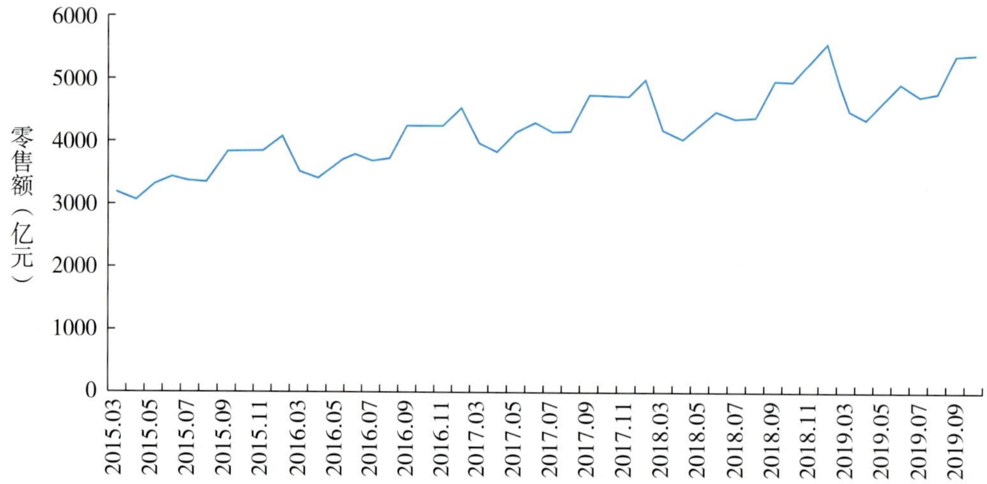

图5-9　2015—2019年9月我国乡村消费品零售总额

资料来源：国家统计局。

总体而言，乡村物流包含了基于"工业品、消费品下乡"和"农产品进城"的双向流通体系。

5.2.2　乡村物流的发展现状

在国家的大力支持下，全国各地乡村地区的电子商务市场和冷链物流规模都取得了显著进展。农产品上行、工业消费品下沉，农村电商基础设施及服务体系建设、电商精准扶贫等领域取得了新进展，电商兴农、电商兴村的作用日益凸显。

5.2.2.1　农村网络零售额逐年增长

商务部电子商务和信息化司发布的《中国电子商务报告（2019）》显示，2015年起，农村地区网络零售额开始明显增长，2019年，全国农村网络零售额达1.7万亿元，同比增长19.1%，高于全国网上零售额增速2.6个百分点。其中，农村实物商品网络零售额为1.3万亿元，占全国农村网络零售额的78%，同比增长21.2%。2015—2019年，全国农村网络零售额从0.35万亿元增长到了1.7万亿元（见图5-10）。

5.2.2.2　农产品网络零售额呈上升态势，规模化程度尚不够

自2014年以来，全国农产品网上零售额总体呈逐年上升态势。2019年全国农产品网络零售额达3975亿元，同比增长27%（见图5-11）。

农产品网络零售作为乡村物流的需求端之一，农业生产集约化、规模化和标准化程度不高，农产品产地初加工能力不足，因此产品质量难以保证，产业规模尚未形成。拉动潜力还有待进一步培育。

5.2.2.3　农产品冷链物流市场规模前景广阔，目前处于初级阶段

过去，在乡村物流中，最大的痛点是农产品冷链物流。由于产地"最先一公里"冷链物流

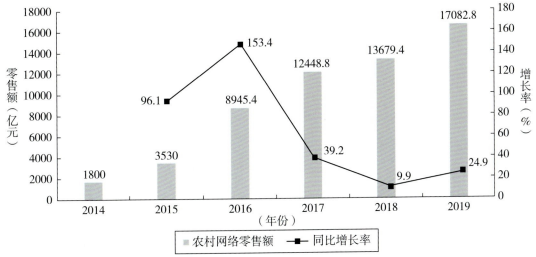

图 5-10　2014—2019 年中国农村网络零售额

资料来源：国家统计局。

图 5-11　2013—2019 年中国农产品网络零售额

资料来源：2013—2019 年《中国电子商务报告》。

注：2018 年数据因商务部对统计数据口径进行了调整，故出现较大变动。按 2018 年之前统计口径，农产品网络零售额增长率为 33.80%。

体系不健全，例如预冷设施、田头冷库、产地冷链市场、低温加工中心缺失等，导致每年都有大量应季果蔬滞销，无法实现错峰上市和农业产业化加工，农产品损耗和资源浪费极为严重。

而随着近年来国家和各地政府的高度重视，城乡冷链物流体系日益完善，有效改善了农产品损耗问题，提升了农产品附加值和品牌效应，帮助农民实现稳步增收。2018 年我国农产品冷链物流总额约 4.81 万亿元，同比增长 20.3%（见图 5-12），该数字占 2018 年社会物流总额的比例为 1.7%，占比依然较小。随着我国经济水平和城镇化率的不断提升，以及一系列促进消费升级、扩大国内市场的政策实施，预计未来几年我国农产品冷链物流总额还将进一步提升。

图 5 - 12　2013—2019 年中国农产品冷链物流总额

资料来源：中物联冷链委。

乡村冷链物流的问题还十分突出，总体处于初级阶段。目前我国冷库建设地区不均衡，主要分布在沿海一线、二线城市，内陆城市较少；城镇布局多，农村布局少。冷链物流对技术与设备的依赖性强，建设成本高，万吨级冷库的建设成本超过 4000 万元，年运行成本约 1404 万元，冷链物流行业的平均净利润率较低。除冷库外，生鲜食品在配送环节还需要用到具有冷藏功能的交通工具，运输成本较高。在农村地区，尤其是偏远分散的地区，"最初一公里"运输阶段暂时难以做到冷链全覆盖，造成配送过程损耗较多，增加了经营成本。

5.2.2.4　乡村物流基础设施建设加快，物流成本高、效率低问题仍在

我国乡村物流的主要运输方式依赖于公路运输。据交通运输部统计，截至 2019 年年底，我国农村公路里程 420.05 万公里，其中县道里程 58.03 万公里，乡道里程 119.82 万公里，村道里程 242.20 万公里。但是，仍有部分地区存在道路狭窄、路况条件不好、日常维护不足等问题。尤其在偏远地区，道路崎岖、物流交通设备落后，大规模运输农产品比较困难、成本高。

农村及偏远地区网络基础设施的不断提升，也为农村电商物流的发展提供了网络保障。2019 年，中国建成全球最大规模光纤和移动通信网络，行政村通光纤和 4G 比例均超过 98%。到 2020 年 3 月，中国农村地区互联网普及率为 46.2%，较 2018 年年底提升 7.8 个百分点。城乡地区互联网普及率差异缩小 5.9 个百分点。虽然农村地区已基本通网，但是目前网络设备和网络技术相对滞后，部分地区网络质量不高，信号弱、网速慢、网费高，影响农民开展电子商务工作。

5.2.2.5　乡镇快递网点覆盖率稳步提升，"最后一公里"仍存在薄弱环节

根据第三次全国农业普查结果显示，全国 25.1% 的建制村有电子商务配送站点。2018 年，全国农村电商超过 980 万家，累计建设县级电子商务服务中心和县级物流配送中心 1000 多个，乡村服务站 8 万多个，累计"邮乐购"站点 46 万个，快递网点已覆盖乡镇超过 3 万个，全国快

递末端网点备案数量已突破 10 万个，初步形成了县、乡、村的三级物流配送体系。

根据国家邮政局发布的数据，2019 年全国 55.6 万个建制村直接通邮，基本实现对农村投递服务网上实时监管。农村地区快递网点超过 3 万个，公共取送点达 6.3 万个，乡镇快递网点覆盖率达到 96.6%，农村地区年收投快件超过 150 亿件，占全国快递业务总量的 20% 以上，支撑工业消费品下乡和农产品进城超过 8700 亿元。

但是，农村地区仍有 74.9% 的建制村没有物流配送站点，农村居民收发快递不方便、快递费用偏高，无法满足"家门口收发货"的基本要求。乡村快递网点过于分散，一些交通不便利的偏远地区尚处于严重缺乏甚至空白的状态。很多乡村快递存在"长运距 + 低需求密度"的特点，加上交通条件差、运输难度较大、物流寄送成本高等原因，导致物流企业收费贵、二次加价问题较为突出。

5.2.3 乡村物流应用案例分析

乡村物流模式也在不断创新。在工业消费品下乡方面，在电商服务站、"村淘"的基础上，又扩展了社区拼团、短视频直播、小程序电商等模式；在农产品上行方面，标准化、品牌化成为趋势；在乡村物流智能化方面，阿里巴巴成立数字农业事业部，拼多多不断升级"农货智能处理系统"打造新平台等。

5.2.3.1 阿里巴巴——从"千县万村"到"溪鸟"

2014 年，阿里巴巴就已经提出了"千县万村"计划，2015 年推出"村淘"计划，随后"村淘" + "菜鸟"的农村物流网络不断推进，寻找"村淘合伙人"之后，2017 年又不断加码布局，推出"兴农扶贫"频道，强化直供直销新链路，之后，注资汇通达，2019 年，"溪鸟"浮出水面。阿里系布局乡村物流的战略步伐从未停止。

1. "千县万村"计划

阿里巴巴"千县万村"计划是指，阿里巴巴派驻人员到合适的县级城市，开立县级服务中心站，由县级服务中心站带动镇村开展电子商务和物流业务。在行政村，协助本地村民开设村级服务站，以一村一站方式，展开本地化代购业务。

"千县万村"计划采用的是合伙人加盟模式，合伙人要有场地用来做服务站，位置越好发展越有利，然后组建自己的团队，人数不限，拥有了这一系列的条件，合伙人就可以填写相关资料，然后将做好的资料交到所在县的阿里农村项目组处等待审批，审批结束后，本地负责人会对场地和设备以及人员进行查看审核，审核通过后就可以正式成为农村淘宝合伙人之一。淘宝农村服务站为乡村物流发展提供了新的思路，一定程度上促进了乡村物流的发展。

2. "村淘" + "菜鸟"物流网络

通过在县城设立公共物流网点，整合县内的货运及落地配套资源，打通县到村的物流，快递公司将包裹投递到菜鸟在县城设立的公共网点后，由当地物流服务商送往农村。在时效上，包裹到了县城之后次日必定送入村点。

3. 村淘贷款

阿里巴巴的村淘贷款可以同时实现对农村生活和生产的升级。村淘联合阿里巴巴旗下的其他公司如菜鸟和天猫等，借助农村代购员或者农村代表等合作伙伴，建立为农民服务的供应链生态体系。在农民采购农资和农具进行生产的过程中，阿里巴巴可以为农民提供贷款，在村淘网帮助农民进行采购，满足农民对农资和农具的需求。同时，阿里巴巴可以把控农产品的生产过程。当农民将农产品生产出来后，阿里巴巴可以借助其旗下的淘宝或天猫帮助农民将农产品从农村销往城镇。

村淘采购订单贷款模式如图 5-13 所示。

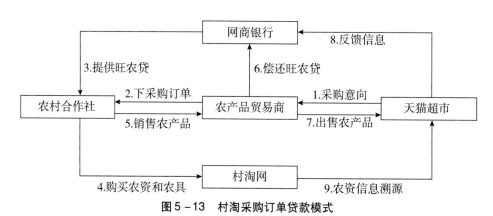

图 5-13　村淘采购订单贷款模式

资料来源：刘纷．平台式电商供应链金融的融资模式分析——以阿里巴巴为例［D］．广州：广东外语外贸大学，2019．

4. 投资汇通达

2018 年，阿里巴巴以 45 亿元投资汇通达，在供应链、渠道、仓储和物流、技术系统等维度开展深度合作，为农村市场提供包括品牌专供、新零售系统和物流系统解决方案等一系列服务，为农村商业基础建设赋能。阿里巴巴此举将进一步把新零售模式推向广大农村市场，加速新零售渠道下沉。

汇通达的乡村物流特色模式如下。

模式以农村最大的"流量"入口——乡镇夫妻店为抓手。用互联网工具和思维改造传统的夫妻店，以生态平台赋能、提升夫妻店在商品、营销、管理、资金、服务等方面的能力，并通过流通、税收、人才"造血"当地。汇通达盘活夫妻店的闲置人力、运力资源，通过信息化平台进行派单、调配，灵活性、适配性更强，也更具备农村熟人社会人情味的纽带连接。

汇通达在农村商业文明、农村新消费方面，有着长期深入的研究，掌握了覆盖全国、纵贯各级乡镇的消费数据，并以大数据带动征信，布局农村消费金融、供应链金融业务。从长远来看，它将获取完整的农村生活消费圈数据，指导未来的战略布局。

5. 创建"溪鸟"品牌

"溪鸟"主攻农村市场，核心是菜鸟乡村自主研发的"溪鸟共配系统"，理论基础是共享物流。

主要通过打通各快递企业包裹信息处理系统的信息端口，实现对原先分散流动的快递信息进行统一读取和录入，帮助县级共配中心和乡镇共配站点包裹在该系统上统一处理，减少了系统切换，提高了包裹信息分流处理和系统实操效率，用技术搭建高效便捷的农村共配物流服务网络。目标是千县万镇一张网，服务乡村数亿人。同时，助力农产品上线，利用溪鸟的乡村网络，联合淘宝、天猫、盒马、大润发等阿里系线上线下渠道统一采购和销售，帮助老百姓增收，深挖下沉市场。

例如，惠民县的溪鸟共配由菜鸟网络和当地中通、申通、韵达共同出资成立。通过共同出资建立分拨中心，整合车辆和人力资源，集中仓储、统一分拣、统一配送，达到降低流通成本、提升运营效率的目的。

5.2.3.2 拼多多——"多多果园"+"拼农货"+"农货智能处理系统"+"轻仓储"

2019年，拼多多平台农（副）产品成交额达1364亿元，较上年同期增长109%。截至2019年年底，平台农（副）产品年活跃买家数达2.4亿，同比增长174%。

尤其是新冠肺炎疫情暴发后，农产品供给出现短期失衡现象。针对急速上升的线上需求和陷入停摆的线下流通渠道，拼多多采取了一系列灵活有效的专项行动，从而使拼多多成为农产品进城中的一颗闪耀之星。

总结拼多多乡村物流模式的主要优势体现在农产品上行网络，其特色模式主要可以分为3个组成部分：在乡村"最初一公里"上，通过"多多果园"和"拼农货"模式来提高规模化；在物流中间环节上采用"农货智能处理系统"；在仓储环节上采用"轻仓储"模式。

1. "拼农货"模式打造乡村物流"超短链"

拼多多依托创新的"拼农货"模式，解决了传统搜索电商场景下，农货被动等待搜索、销量难以持续的普遍性难题，通过主动向5.85亿消费者呈现"产地直发"优质水果的方式，帮助"小农户"连接"大市场"。打造出了乡村物流"超短链"（见图5-14）。这种模式成功建立起了"农户+经销商+消费者"的链条，不仅解决了消费者出高价、生产者不赚钱的难题，更让中国农业突破土地分散化制约，实现大规模进入网络销售平台，在此基础上形成了全新的生产要素和价值分配机制。

2. "多多果园"模式实现了乡村物流纵向一体化

"多多果园"模式中，拼多多为出资方，成立以贫困档卡户为社员的合作社，聘请优秀新农人为合作社领头人，同时"多多果园"项目还与各大农业研究机构合作，为每一个落地项目配备独立的农业科研团队。项目具体涉及拼多多、新农人引领的专业合作社（简称合作社）、政府、农业研究机构和档卡户五个主体（见图5-15）。

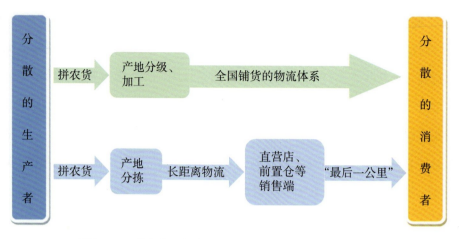

图5-14　拼多多"拼农货"模式下的乡村物流"超短链"

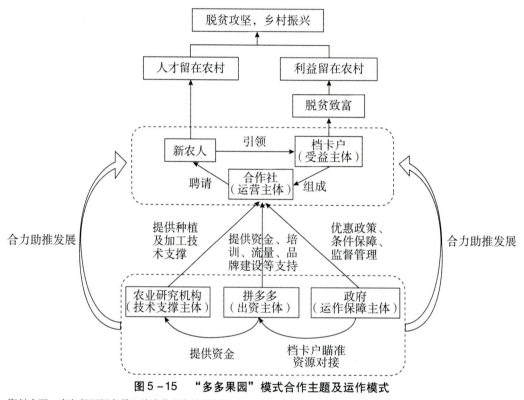

图5-15　"多多果园"模式合作主题及运作模式

资料来源：商务部国际贸易经济合作研究院课题组. 2019 中国电商兴农发展报告〔R〕. 商务部，2020.

　　拼多多提供资本统一采购现代化农业设备，推动先进生产技术的应用，促进当地农业生产活动现代化、规模化；并与农业研究机构一起参与标准化体系建设，加快了项目所在地特色农产品生产、加工、包装的标准化和规范化工作，强化规模经济效应。

　　3."农货智能处理系统" + "轻仓储"

　　"农货智能处理系统"本质上是将大数据运用于物流系统中，通过数据分析检测技术，制定合理的销售方案和库存布局，提高车辆调度及配送的合理性，提高时间效率，具体架构如图5-16所示。

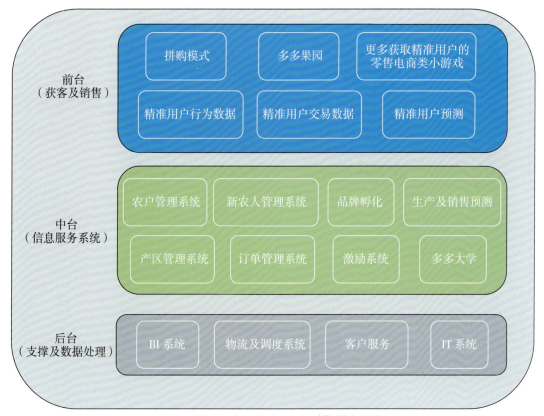

图 5 - 16　"农货智能处理系统"基本架构

资料来源：吕建军．中国农村电商物流发展报告［R］．人民网新电商研究院，2020．

"轻仓储"实质上通过"产地直发"实现，具体而言是指，拼多多"农货上行"工程建设团队深入农产品原产区，在当地有关部门的指导下，实现分拣、包装、物流资源的有效整合，直连全国城市和农产品原产区的"产地直发"供应链体系。

拼多多农村电商物流的"农货智能处理系统"＋"轻仓储"是解决我国农产品物流链条长、中间环节多和两端收益低的有效物流模式。这种物流模式能有效连接农产品原产地和消费者，整合和升级农业产业链和农产品电商物流体系。例如，这一模式实现水果供应链从长度1个月缩短到5~7天。

4. 供应链下沉 + 农产品上行增强乡村物流可持续性

新冠肺炎疫情期间，拼多多有效统筹调度运力，与中国邮政、顺丰、韵达等各大物流公司一起，以智能供应链下沉的模式，带动了特殊时期的物流保障工作真正实现"最后一公里"和"最初一公里"的直连对接。

同时，拼多多以农户为颗粒度，实现了"山村直连小区"的新型农货上行模式。2019年，拼多多"农货上行"工程建设团队扩招至500~800人，预计2020年将扩充至2000人，深入更多中国农业产区。

5. 新技术运用于乡村物流运作系统提高智能化

2019年年初，拼多多推出的自有电子面单系统，已经在短时间内迅速成长为全球第二大电子面单系统。尝试对农产品物流与普通包裹做区分，以进一步推动农村尤其是边远地区的农产品实现大规模上行。2019 年平台共计产生 197 亿个订单包裹，较上一年的 111 亿个订单包裹增长 77%，同期行业平均增长率为 25.3%。

基于"新物流"平台，拼多多将通过包括 AI 路线规划、物联网设备、自动化仓储风险管控、实时定位等技术，进一步优化物流行业整体效率。"新物流"平台将保持开放，解决现有分散、低效的农产品物流与供应链问题。

前沿技术
对物流业发展的影响 6

受政策环境与技术进步推动，物流领域的数字化、智能化应用进行得如火如荼，新时代下的物流业与前沿技术的融合也越来越迅速，本章聚焦 6G、智能工厂、低轨卫星等时下热门前沿技术，重点剖析展望这些技术对物流业发展的影响。

6.1　6G 技术对物流业发展的影响

2019 年是第五代移动通信技术（5G 技术）的应用元年，中国、美国、韩国、英国等约 20 个国家陆续开通了 5G 商用网络。随着 5G 技术的商业化部署，越来越多的组织和相关人员开始对下一代移动通信技术进行研究。但按照 10 年一代的通信技术发展规律，至 2030 年时，6G 技术或将能够应用于工作生活的各个方面，实现移动通信全球全覆盖。

6.1.1　6G 技术简介

6.1.1.1　6G 技术的概念、关键指标和特性

6G 是第六代移动通信技术（6th Generation Mobile Networks）的简称，是 5G 技术的延伸和发展。目前 6G 技术没有明确的概念定义，尚处于实验室的研究阶段，但可以肯定的是 6G 技术的网络架构和终端类型将发生质的变化。

2019 年 9 月，芬兰奥卢大学发布白皮书《6G 泛在无线智能的关键驱动因素及其研究挑战》，认为 6G 的精髓是"泛在无线智能"。"泛在"——能在任何地方为用户提供无缝服务。"无线"——无线连接是关键基础设施的组成部分。"智能"——面向人类和非人类用户的感知智能服务和应用。2020 年 3 月，赛迪智库发布的《6G 概念及愿景白皮书》指出：相较于 5G，6G 的速率指标、时延指标、流量密度、连接数密度、移动性、频谱效率、定位能力、频谱支持能力和网络能效等关键指标都有了明显提升，如表 6 – 1 所示。

表 6 – 1　　　　　　　　　　　6G 与 5G 关键性能指标对比

指标	6G	5G	提升效果
速率指标	峰值速率：100GB/s – 1TB/s	峰值速率：10 ~ 20GB/s	10 ~ 100 倍
时延指标	0.1ms，接近实时处理海量数据时延	1ms	10 倍
流量密度	100 ~ 10000（TB/s）/km^2	10（TB/s）/km^2	10 ~ 100 倍

指标	6G	5G	提升效果
连接数密度	最大连接密度可达 1 亿个连接/km²	100 万个/km²	100 倍
移动性	大于 1000km/h	500km/h	2 倍
频谱效率	200～300B/s/Hz	可达 100B/s/Hz	2～3 倍
定位能力	室外 1m，室内 10cm	室外 10m，室内几米甚至 1m 以下	10 倍
频谱支持能力	常用载波带宽可达 20GHz，多载波聚合可能实现 100GHz	Sub6G 常用载波带宽可达 100MHz，多载波聚合可能实现 200MHz；毫米波频段常用载波带宽可达 400MHz，多载波聚合可能实现 800MHz	50～100 倍
网络能效	可达到 200B/J	可达 100B/J	2 倍

资料来源：赛迪智库《6G 概念及愿景白皮书》。

6G 技术的特性如下。

（1）覆盖性：6G 能实现真正的"地海空天"全面覆盖，消除信号死角，使用户无论在哪个角落都能全方位地接入网络。

（2）开放性：6G 能解决长期存在的网络异构问题，允许人和物随时随地大规模接入网络，实现数据高速交换，而不会造成网络拥塞。

（3）自生性：6G 将与人工智能（AI）技术进行有机融合，通过人工智能技术实现 6G 的自感知、自学习、自优化，达到智慧内生的效果。

（4）安全性：6G 将结合人工智能，通过端到端的安全等级分类与预判和用户自定义策略，实现攻击的主动防御、网络的自我免疫和进化，从而保障网络安全性。

6.1.1.2　6G 技术发展前景

"智慧连接""深度连接""全息连接"和"泛在连接"，这四个关键词将构成 6G 的总体愿景。6G 网络时代将迈入频率更高的太赫兹频段，即亚毫米波的频段。太赫兹（THz）频段是指 100GHz～10THz，是一个频率比 5G 高出许多的频段。频率越高，允许分配的带宽范围越大，单位时间内所能传递的数据量就越大。6G 还将使用空间复用技术，6G 基站将可同时接入数百个甚至数千个无线连接，其容量将可达到 5G 基站的 1000 倍。同时，在 5G 采用的 MIMO（Multi Input Multi Output）技术基础上，6G 将探索采用频谱共享的方式，采用更智能、分布更强的动态频谱共享接入技术，即基于区块链的动态频谱共享。最后，6G 将基于卫星通信网、平流层通信网、地面通信网等联合组网，实现全地形、全空间立体覆盖连接，达到空天地海一体化的全网络覆盖。

6.1.2　6G 技术的应用领域

6.1.2.1　全球移动通信领域

　　6G 网络将宽带卫星通信与地面移动通信整合，构建一个陆地移动通信网络为核心的空天地海一体化"泛在覆盖"通信网络（见图 6-1），实现全球覆盖和万物互联。6G 时代的关键技术——太赫兹通信技术，相较于 5G 技术，其传输效率可以提高 200% ~420%，传输延时降低 15% ~70%，传输速率提高 500% ~600%。此外，太赫兹通信技术还具备高强度的穿透性，同时具有微波与光波的特性，宽带宽、量子能量低，是大数据传输的重要支撑，能实现海量信息分析处理。因此，6G 网络可实现任意一个偏僻乡村或海外孤岛的对外通信，不仅能提供实时天气预报、远程教育和远程医疗等服务，还能提供移动物体的网络定位标识、特定区域的实时监测等服务，使人们真正进入物联网时代。

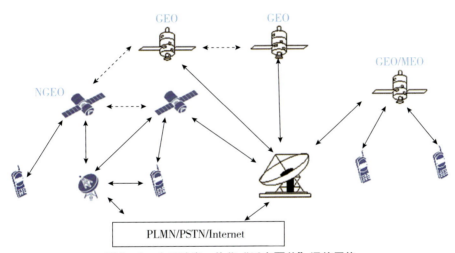

图 6-1　空天地海一体化"泛在覆盖"通信网络

　　资料来源：赵亚军，郁光辉，徐汉青.6G 移动通信网络：愿景、挑战与关键技术［J］.中国科学：信息科学，2019，49（8）：963-987.

6.1.2.2　智能工厂领域

　　未来的智能工厂具备四个关键点：一是网络互联并实时获取数据；二是机器设备智能化；三是大数据的应用；四是实时数据分析和预测判断。利用 6G 网络的超高带宽、超低时延和超可靠等特性，可以对智能工厂内车间、机床、零部件等运行数据进行实时采集，利用边缘计算和 AI 等技术，在终端侧直接进行数据监测，并且能够实时下达执行命令。基于 6G 网络，智能工厂内的所有设备都可以直接进行数据交换，并依据生产需求对相关智能设备进行灵活组网和快速部署。同时，6G 网络也有助于工业 AR 在智能工厂的应用，例如基于构建使用场景的 3D 可视化模型，工业 AR 可协助员工完成相关器械的拆装、功能结构演示、培训及考核。这样不仅提高了工作效率，也提高了最终产品的成品率。

6.1.2.3　智能机器人与自治系统领域

　　6G 技术是人工智能与移动通信的融合，达到"人、物、智"的互联互通，无论是处于物理世界还是虚拟世界，实现机器人终端智能化。基于 6G 网络，智能机器人能通过各类传感器以及应用人脸识别技术、双目立体识别技术、音频识别技术等技术，实时处理行走过程中收集的画面信息、设备信息、环境信息等，对收集到的数据进行人工智能分析判断是否存在异常，对于碰到的问题机器人之间能协作处理解决。6G 技术还将促进无人驾驶汽车的规模部署和应用。无人驾驶汽车通过各种传感器来感知周围环境，如光探测和测距、雷达、惯性测量装置等。6G 技术将支持可靠的车与万物相连，以及车与服务器之间的连接（见图 6-2）。通过建立车辆之间、车辆与道路接入点（包括基站和路边单元设备）的感知通信一体化链路，以及边缘子网与云端核心网之间双向通信，实时感知路况和无人驾驶车辆的运行状态，并不断进行车辆组网调整，从而保障整个无人驾驶车辆网络的高效、安全运行。

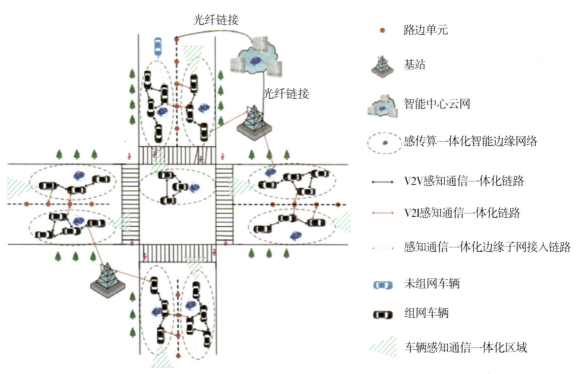

图 6-2　基于 6G 技术的无人驾驶汽车网络

资料来源：朱明. 面向 6G 的智能机器通信与网络［J］. 通讯世界，2020，27（6）：69，71.

6.1.3　6G 技术对物流业发展的影响

6.1.3.1　6G 技术构建全球定位物联网，实现物流业"万物互联"

　　6G 技术是融合卫星通信、区块链、人工智能、物联网等技术于一体的通信网络，是空天地海一体化全覆盖无死角的网络。同时，6G 技术采用太赫兹技术可容纳更多的入网设备，预计是当前 5G 技术可容纳量 100 万个/平方公里的一千倍，相当于 10 亿个/平方公里。因此，6G 技术能帮助物联网实现物理世界的人与人、人与物、物与物之间的相互连接、精准定位，实现从物流企业的上游到物流终端的"最后一公里"的全环节覆盖。通过上下游各个环节的网络连接和数据共享，能实现物品全球定位与货物状态信息实时查询，能精确地反映和预测物流行业在物理世界的真实状态，不仅帮助物流业提升了工作效率和决策能力，还有助于实现"万物互联"的最终目标。

6.1.3.2 6G 技术智慧连接物流设备，促进物流业全面智慧化

智慧物流是各种智能技术、智能平台与物流行业的有机融合，而 6G 技术的主要特性之一就是与人工智能的有机结合，达到"人、物、智"的互联互通。6G 网络下，物流业在运输与配送环节可实现无人自动驾驶运输、机器人自主配送；在仓储环节可实现智能化管理与维护，智能工业机器人可针对不同种类的货物及其不同存储环境要求进行智能分拣、包装、搬运与仓储，保证物品的质量。同时，采用深度学习、大数据分析、知识经验库等技术可实现机器人相互协作进行日常故障诊断与维护。另外，6G 技术高速率、低时延的特性使得相隔万里的工作人员也能通过 VR 技术、海量传感器数据共享与分析、远程触觉感知设备实现网上聚集诊断并处理碰到的问题。

6.2 智能工厂技术对物流业发展的影响

第四次工业革命（工业 4.0）的兴起以及数字世界和物理世界的融合——包括信息技术和运营技术——正使供应链转型日益成为可能。为了使得工业生产更加可控、更少人控、高效高质、绿色低耗而提出的适应智能化、数字化的新工厂——智能工厂呼之欲出。智能工厂通过监控技术和物联网技术来加强生产信息管理服务，是未来生产制造领域的一大发展趋势。

6.2.1 智能工厂技术简介

6.2.1.1 智能工厂的概念

智能工厂通过互联互通的信息技术、运营技术格局，实现工厂车间决策及洞察与供应链以及整个企业其他部分的融合。智能工厂能够在工厂车间内自动运作，同时与具有类似生产系统的全球网络甚至整个数字化供应网络互联。图 6-3 可以看到新数字化供应网络模型，该网络中，每个节点至其他各点都具有潜在的互动连线，通信是多向的，智能工厂仅属于数字化网络的一环，将其从传统线性序列式的供应链运营模式转变为互联互通的开放式供应链体系（又被称为"数字化供应网络"）。

美国 ARC 顾问集团对智能工厂的定义为：以制造为中心的数字制造、以设计为中心的数字制造、以管理为中心的数字制造，并考虑了原材料、能源供应、产品的销售供应，提出用工程

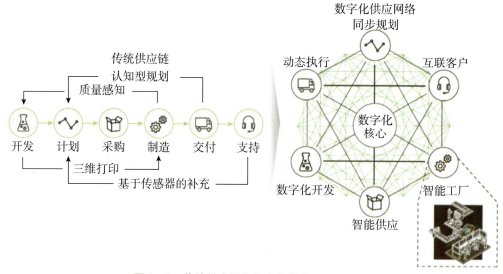

图 6-3　传统供应链向数字化供应网络的转变

资料来源：https：//www2. deloitte. com/cn/zh/pages/consumer – industrial – products/articles/the – smart – factory. html。

技术、生产制造、供应链这三个维度来描述工程师的全部活动。通过建立描述这三个维度的信息模型，利用适当的软件，能够完整表达围绕产品设计、技术支持、生产制造以及原材料供应、销售和市场相关的所有环节的活动。还可以为实时数据传输提供支持，实时下达指令指导活动。

6.2.1.2　智能工厂特征

图 6-4 描述了智能工厂及其部分主要特征：互联、优化、透明、前瞻和敏捷。这些特征可协助公司进行明智决策，可改进生产流程。

互联是智能工厂最重要的特征，在系统中需不断利用传感器从新兴与传统渠道抓取数据集，反映当前情况。首先是通过整合来自运营系统、业务系统以及供应商和客户的数据，可全面掌控供应链上下游流程，从而提高供应网络的整体效率。其次是优化，只有经过优化的智能工厂可实现高度可靠的运转，最大限度降低人工干预。再次是获取的数据需公开透明，通过实时数据可视化，将从流程与成品或半成品中获取的数据进行处理，协助人工以及自动化决策流程。然后是前瞻，系统可预见即将出现的问题或挑战，并提前予以应对。利用历史与实时数据，预测未来成果，从而提高正常运行时间、产量与质量，同时预防安全问题。最后是敏捷，可实现柔性化生产。真正的智能化工厂可根据正在生产的产品以及进度变更，自动配置设备与物料流程，进而实时掌控这些变更所造成的影响。

6.2.1.3　智能工厂框架

著名业务流程管理专家 August – Wilhelm Scheer 教授将智能工厂分为基础设施层、智能装备层、智能流水线、智能车间层和工厂管控层五个层级（见图 6-5）。

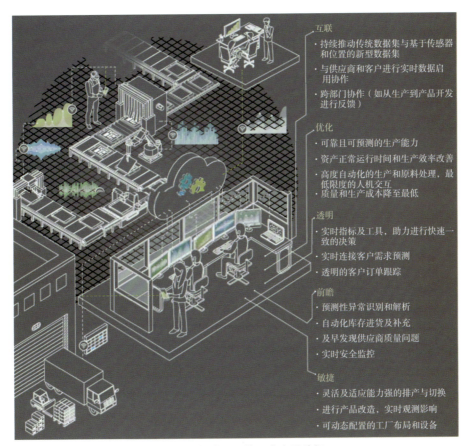

图6-4 智能工厂的五个主要特征

资料来源：https：//www2. deloitte. com/cn/zh/pages/consumer－industrial－products/articles/the－smart－factory. html。

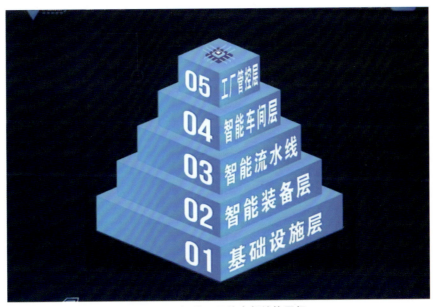

图6-5 智能工厂的内部结构层级

资料来源：https：//www. chuandong. com/news/news224040. html。

1. 基础设施层

指的是工厂用网络覆盖，实现指令自动下达和设备产线信息的自动采集；解决各种设备、

161

机器人、传感器和工控之间的联网问题。简单来说，就是建立一个全网络覆盖的工厂。

2. 智能装备层

包括生产设备、检测设备和物流设备。智能化的加工中心能够边检测边加工。机器人通过视觉、力觉传感器准确识别工件，自主进行装配。智能物流设备包括自动化立体仓库、自动导引小车（AGV）、悬挂式输送链等。

3. 智能流水线

它的特点是在生产和装配的过程汇总，自动进行生产、质量、能耗等数据采集，并显示实时的生产状态；生产线能够实现柔性自动化，支持相似产品的混线生产，灵活调整工艺。

4. 智能车间层

采用网络对车间进行管理，进行高效的排产和人员排班，提高设备利用率，减少库存。车间物流设备的智能化至关重要。

5. 工厂管控层

工厂管控层如有"监管者存在"一般，实时显示整座工厂的运行状态，一旦发现哪个环节设备"开小差"，就能自动报警处理。

智能工厂的实现要将工厂内的各种设备联结成网络，从各种不同的角度取得与管理点的装置有关的数据。需做到工厂内部各类活动资讯的可视化，明确每种资讯之间的因果关系，然后实现工作流程合理化。

6.2.2 智能工厂应用场景

在智能工厂中，借助各种生产管理工具、软件、系统和智能设备，打通企业从设计、生产到销售、维护的各个环节，实现产品仿真设计、生产自动排程、信息上传下达、生产过程监控、质量在线监测、物料自动配送等智能化生产。

1. 设计制造一体化

比如在航空航天制造领域，采用基于模型定义（MBD）技术实现产品开发，用一个集成的三维实体模型完整地表达产品的设计信息和制造信息［产品结构、三维尺寸、物料清单（BOM）等］，所有的生产过程包括产品设计、工艺设计、工装设计、产品制造、检验检测等都基于该模型实现，这打破了设计与制造之间的壁垒。制造过程中的某些环节，甚至全部环节都可以在全国或全世界进行代工，使制造过程性价比最优化，实现协同制造。

2. 供应链及库存管理

企业要生产的产品种类、数量等信息通过订单进行确认，使生产变得精确。通过使用企业资源计划（ERP）或仓库管理系统（WMS）进行原材料库存管理，根据供应商信息即时计算原材料的采购时间，确保在满足交货时间的同时使得库存成本最低甚至为零。

3. 质量控制

车间内使用的传感器、设备和仪器能够自动在线采集质量控制所需的关键数据；通过实时采集的数据，提供质量判异和过程判稳等在线质量监测和预警方法，及时有效发现产品质量问题，而且还能追溯产品质量所涉及的数据。

4. 能效优化

采集关键制造装备、生产过程、能源供给等环节的能效相关数据，使用制造企业生产过程执行管理系统（MES）或能源管理系统（EMS）对能效相关数据进行管理和分析，及时发现能效的波动和异常，在保证正常生产的前提下，相应地对生产过程、设备、能源供给及人员等进行调整，实现生产过程的能效提高。

6.2.3 智能工厂对物流业发展的影响

6.2.3.1 实现智能物流的重要载体

智能工厂是实现智能物流的重要载体之一，在建设过程中，智能物流的规划与设计是核心内容。智能工厂的规划需要考虑未来大规模客户定制和物联网的大背景，以客户为中心，遵循"大物流、小生产"理念，实现客户、研发、采购供应、生产、服务等全价值链的"精益流动"。智能物流是联结企业上下游之间以及企业端到端价值链各个环节的集物流、信息流、资金流于一体的重要桥梁，因而智能物流的规划是智能工厂能否实现智能化精益流动的关键所在。对于实现智能工厂物流规划是建设智能工厂的重要环节，是实现智能制造的必由之路。

6.2.3.2 推动"大物流"体系的形成

对于面向智能制造的智能工厂而言，最重要的是利用好算法和数据，采取一系列技术，对流程和人员实现高效管理。因此利用好智能工厂相关技术采集的数据以此形成大数据，颠覆传统物流行业，推动"大物流"的建成，实现物流行业的巨大变革。物未动、信先行；物移位，信相随。社会"大物流"形成之后，企业可以和第三方物流公司合作，物流企业直接面对市场，它根据市场的需要来组织调控若干生产企业的大管家，既负责"后"勤，又负责"前"勤。这样物流企业才会充分合理有效地组织利用资源，既保证自己的经济效益，又保证生产企业的经济效益，从而避免各种问题的产生。

6.2.3.3 实现效率成本的最优化

对于制造企业来讲，物流系统的建设大体可以分为内部、外部两个部分：内部物流是与生产流程和工艺相关的，称之为生产供应链；外部物流是与整个产业链（供应链）运作相关的，如针对上游企业的原材料和零部件的采购，针对下游客户产品的发货等。随着制造业向智能工厂升级发展，制造企业对物流体系的要求越来越高。一方面，要更精准掌控物流链运作的信息，称之"透明化"需求；另一方面，又要求物流服务降低成本和管理便捷化，这就必然需要更高质量的物流外包服务。

通过智能工厂技术的实现，在实时大数据的分析处理的支撑下，智能分拣、分级递送、动态规划，资源实时调整，更多重复和相对稳定的任务由机器承担，保证物流质量，将物流中不可控因素都排除在外。在整体供应链实时监控数据的更新和结果实现过程可控、结果可预测。在智能工厂运行过程中，利用人工智能替代人后，系统运行成本常态化降低。

6.3 低轨卫星技术对物流业的影响

2020 年 4 月 20 日，国家发展改革委创新和高技术发展司司长伍浩表示，新基建中的"信息基础设施"主要是指基于新一代信息技术演化生成的基础设施，比如，以卫星互联网为代表的通信网络基础设施。

卫星通信从最初的卫星电话、电视广播业务，扩展到数据和多媒体通信，向高通量卫星（HTS）发展；随着互联网和移动互联网的发展，卫星通信也开始进入卫星互联网时代。在 5G 技术得以商用之际，随着火箭发射成本的降低、卫星制造能力的提升、集成电路技术的进步，相较高轨卫星具有低时延和低成本优势的低轨卫星通信系统（见图 6 - 6）悄然复苏，并受到全球诸多的互联网、通信、航天航空等巨头企业的青睐。

图 6 - 6 低轨卫星示意

资料来源：https://www.gnshuo.com/19024.html。

6.3.1 低轨卫星技术简介

简单来说，卫星通信就是地球上（包括地面和低层大气中）的无线电通信站间利用卫星转发器作为中继反射或转发无线电信号的通信方式。卫星通信系统由卫星和地球站两部分组成。

卫星通信系统的核心是卫星空间段，主要包括空间轨道中运行的通信卫星，以及对卫星进行跟踪、遥测及指令的地面测控和监测系统。卫星地球段以用户主站为主体，包括用户终端、用户终端与用户主站连接的"陆地链路"以及用户主站与"陆地链路"相匹配的接口。卫星通信的特点包括：只要在卫星发射的电波所覆盖的范围内，从任何两点之间都可进行通信（通信范围大）；不易受陆地灾害的影响（可靠性高）；只要设置地球站电路即可开通（开通电路迅速）；同时可在多处接收，能经济地实现广播、多址通信（多址特点）；电路设置非常灵活，可随时分散过于集中的话务量；同一信道可用于不同方向或不同区间（多址连接）。

按照卫星轨道平台的高度可以把卫星分为低轨卫星、中轨卫星和静止轨道卫星三种。

（1）低轨卫星（LEO）的轨道高度范围为 500～2000km，低轨卫星通信系统由于卫星轨道低，信号传播时延短，链路损耗小，卫星和用户终端的要求低，可以采用微型/小型卫星和手持用户终端。但由于轨道低，每颗卫星所能覆盖的范围比较小，要建立全球系统需要更多的卫星，主要包括海外的铱星系统、Starlink（星链），以及国内的航天科工集团的虹云工程和行云工程、航天科技集团的鸿雁工程、中国电科的天地一体化信息网络。

（2）中轨卫星（MEO）的轨道高度为 10000～20000km，传输时延大于低轨卫星，但覆盖范围更大，全球组网覆盖所需卫星数量较少，典型系统是国际海事卫星系统。

（3）静止轨道卫星（GEO）的轨道高度为 35786km，由于静止轨道卫星相对地面静止，且覆盖区大，三颗经度差约120°的卫星就能够覆盖除南、北极以外的全球范围。静止轨道卫星轨道高，链路损耗大，对用户端接收机性能要求较高，这种卫星很难支持手持机直接通过卫星进行通信，因此同步轨道卫星通信系统主要用于 VSAT 系统、电视信号转发等，较少用于个人通信。

近年来，随着美国 GPS（全球定位系统）、俄罗斯 GLONASS（格洛纳斯）、我国北斗卫星导航系统和欧洲 Galileo（伽利略卫星导航系统）四大卫星导航系统提供全球服务，世界卫星导航步入新时代。各主要卫星导航国家追求更高服务精度、更多样功能、更可靠服务，正在着手开展新一代系统建设和新一轮竞技。低轨卫星（LEO）以其星座和信号的独特优势，逐步受到世界卫星导航领域的关注和青睐，有望成为新一代卫星导航系统发展的新增量。低轨卫星可以增强卫星导航信号，作为 GNSS（全球导航卫星系统）的增强与补充；也可以通过通信系统和导航系统融合，播发独立测距信号，形成备份的定位导航能力。

目前，国际卫星导航领域，对如何应用低轨卫星技术实现定位导航授时增强、备份和补充的研发和实践方兴未艾。铱星系统与 GPS 的团队共同研发推出新型卫星授时与定位服务，已成为 GPS 的备份或补充；欧洲 Galileo 系统技术团队，也在积极推进开普勒系统研究，通过 4～6 颗低轨卫星构成的低轨星座，通过星间链路对中高轨卫星进行监测和高精度测量，以大幅提高 Galileo 星座的定轨精度。与此同时，国内的低轨卫星技术发展也如火如荼。在有关部门、大型央企、研究院所、民营企业的推动下，鸿雁、天地一体化网络、微厘空间等低轨卫星星座已开展试验卫星在轨试验。

6.3.2 低轨卫星技术特点

6.3.2.1 中低轨卫星时延和速率提升

与高轨卫星相比，低轨卫星星座传输时延和速率得到极大提升。以往通信卫星主要停留在地球同步轨道上，轨道的运行周期等于地球自转周期，随着地球同步轨道卫星的增多，同步轨道已经变得越来越拥挤。

目前卫星通信的趋势从高轨向中低轨转移，全球新推出的 MEO 和 LEO 星座计划有 20 个左右，代表性的有 O3b（另外的 30 亿）、Starlink 等。地球同步轨道通信卫星高度大约在 3.5 万公里，数据信号在卫星与地面用户往返传输，往往带来较高的时延，一般为 500m/s 左右。低轨卫星星座如 Starlink，卫星网络将在高度为 1110 公里至 1325 公里的近地轨道运行，大幅降低了网络延时，据技术团队估算，将实现 25 毫秒到 35 毫秒的延迟水平，与地面网络条件相当。低轨卫星星座的传输速度提升明显，20 年前的铱星系统数据传输速度只有 2.4kB/s，现在星链计划将可提供 1Gbps 的上网服务，达到 5G 时代的手机网速。

6.3.2.2 卫星网络部署的时间和成本优势

与地面基站部署相比，卫星网络性价比更高。中国 5G 基站投资达 1.2 万亿元，投资周期可能超过 8 年。根据 Starlink 的卫星发射计划，预计能够在 2027 年成功部署 1.2 万颗卫星，卫星制造、火箭发射和全球地面收发站的总体建设成本在 500 亿美元左右。全球范围内卫星互联网建设周期与中国的 5G 基站部署周期相近，成本远低于地面基站建设，覆盖范围也远高于地面通信。这意味卫星互联网能够在 5G 建设完成之前，率先提供接近 5G 级别的网络服务，全球性覆盖，具有时间和成本的竞争优势。

6.3.2.3 更高的信息速率，能播发更多的精密改正信息

由于落地信号功率的提升，低轨增强信号可以承载更高的信息速率或更大的信号带宽，作为卫星导航基本电文及差分改正电文的播发通道。

6.3.2.4 终端小型化、集成化、低功耗，易于用户使用

低轨增强信号功率的提升，有利于地面用户使用更小型化的终端设备；同时，作为通信使用时，地面用户以更小的信号功率，就能被低轨卫星正常接收。

6.3.3 低轨卫星技术对物流业发展的影响

6.3.3.1 车联网迈向现实

车联网技术是一种结合了全球卫星定位系统和无线通信技术的车载智能通信服务，车联网

涵盖的智能导航、无人驾驶、车载社交网络服务等都是建立在完善无误的信息网络基础上的。低轨卫星轨道高度一般为 1000km 左右，相较于 20000km 以上高度的中高轨导航卫星，低轨卫星信号传输路径更短、信号时延和功率损耗更小。简单来说，如果低轨卫星和中高轨卫星发射相同的信号功率，低轨卫星发射抵达地球表面的信号功率将比中高轨卫星高出 30dB（即 1000 倍）。更强的落地信号功率，可在复杂地形环境和复杂电磁环境下改善定位的效果，提升抗干扰和反欺骗能力。低轨卫星运行速度快，加快高精度定位收敛时间，用户体验更优。

6.3.3.2　应急物流系统化建设

近年来各种突发事件（自然灾害、暴力冲突、瘟疫传播等）频发，应急物资由配送中心及时、准确、高效地运送到灾民手中的运输是灾后应急响应的核心。低轨卫星绕地球运行一周的时间远小于中高轨卫星，在相同时间段内的运行轨迹更长、几何构型变化快。理论上，低轨卫星运行 1 分钟，与目前中轨卫星运行 20 分钟的几何变化相当。低轨卫星的轨道特性，有助于加快高精度定位的收敛时间，达到 1 分钟级收敛，面对突发灾难事件更能在第一时间精准定位，采取相应措施。

全球性低轨卫星通信网络建设，能助力突破数字鸿沟，更好地处理应急突发事件。地面通信系统通常以国家为建设中心，而低轨卫星通信系统是全球配置的资产，通信范围覆盖到全球，包括海洋、沙漠等人迹罕至的区域。地面布设基站及连接基站的通信网受到诸多限制，通信网络的覆盖范围是有限的，而卫星通信可以作为地面网络的补充和延伸，助力于突破数字鸿沟，连接未联网的 49% 的人口。低轨卫星能覆盖更多的地区，帮助更多需要帮助的人，有助于更精准和即时定位突发事件，响应突发事件救援措施。

重大事件下的中国物流业科技发展策略

7

2020 年伊始，一场突如其来的新冠肺炎疫情不仅严重威胁人民群众的身体健康和生命安全，也对世界经济、政治、贸易和供应链产生了重大的影响。在国家加快新型基础设施建设（以下简称"新基建"）进程助力经济稳定发展、积极推进重大公共事件突发后的应急体系完善的进程中，如何在"新基建"背景下发展物流科技业、如何在突发公共事件下完善应急供应链成为本章聚焦的内容。

7.1 "新基建"背景下中国物流业科技发展策略

基础设施是我国经济社会发展的重要支撑，对提升生产效率、改善人民生活质量具有巨大的促进作用。但随着社会生产生活模式的不断进化升级，原有基础设施已难以满足社会高效运作的需求，新一代基础设施建设的呼声越来越高。在国家一系列密集部署下，新型基础设施建设迎来风口。本节聚焦发力于科技端、大量融入新一代信息技术等高科技手段的"新基建"，探讨"新基建"对我国物流业科技发展的影响，提出推进"新基建"背景下的物流业科技发展策略。

7.1.1 "新基建"的概念

传统意义上的基础设施是指为社会生产活动以及满足人们基本需要提供公共条件和公共服务的设施和机构，包括交通（铁路、公路、港口、机场、管道）、能源、通信、水利等硬件设施，还包括教育、科技、医疗卫生、文化和体育等软件设施，是社会经济活动正常运行的基础、拉动经济增长的有效途径。近年来，在全球经济下行压力背景下，新一轮科技革命和产业变革正在到来，推动了产业加快转型发展，孕育了新型基础设施。突如其来的新冠肺炎疫情使全球经济发展雪上加霜，把承担着后疫情时代复苏经济使命的"新基建"推上了风口。

2020 年 4 月 20 日，国家发展改革委首次明确"新基建"定义：新型基础设施是以新发展理念为引领，以技术创新为驱动，以信息网络为基础，面向高质量发展需要，提供数字转型、智能升级、融合创新等服务的基础设施体系。与传统基础设施建设不同的是，"新基建"主要发力于科技端的基础设施建设，对传统产业进行全方位、全角度、全链条的基础改造，催生新产业、新业态、新模式，具有更突出支撑产业升级和鼓励应用先行先试、政府对全环节的软治理、区域生产要素整合和协调发展的特点。"新基建"与传统基建的特点对比见表 7 – 1。

表7-1 "新基建"与传统基建的特点对比

内容	"新基建"	传统基建
建设主体	多元主体共建（企业＋市场＋政府）	政府主导
建设方式	统筹考虑（行业、产业协调）	只考虑物理共建布局（相对单一）
	科技含量高（硬设施＋软实力）	科技含量相对较低（以硬设施投入为主）
建设重点	更注重新一代信息技术和数据的应用	注重硬设施建设
应用方式	数字孪生世界	传统物理空间（铁路、公路、机场等）
	渗透性强（经济社会各领域）	功能单一（铁路、公路、电力等）
价值影响	规模乘数效应（供需共同受益、应用场景增加）	局部传递效应（一设施一功能）
	短期着眼于稳投资、保增长、促就业、惠民生，长期着眼于经济社会数字化转型	短期着眼于稳投资、保增长、促就业、惠民生

资料来源：赛迪智库。

　　"新基建"最大的特点就是孕育巨大发展空间，为各行各业培育新动能，释放中国经济进一步高质量发展潜力，不仅可以强力对冲眼前经济下滑的风险，从长远来看，这也是我国经济转型升级发展的必要之举。中央经济工作会议于2018年首次提出"新基建"这一概念，随后中央一系列会议对强化"新基建"进行了密集表态，见表7-2。

表7-2 中共中央、国务院会议有关"新基建"的内容盘点

时间	会议	相关内容
2018年12月19日至21日	中央经济工作会议	加大制造业技术改造和设备更新，加快5G商用步伐，加强人工智能、工业互联网、物联网等新型基础设施建设，加大城际交通、物流、市政基础设施等投资力度
2019年3月5日	第十三届全国人民代表大会第二次会议	加快川藏铁路规划建设，加大城际交通、物流、市政、灾害防治、民用和通用航空等基础设施投资力度，加强新一代信息基础设施建设
2019年5月14日	国务院常务会议	把工业互联网等新型基础设施建设与制造业技术进步有机结合。推动重大科研设施、基础研究平台等创新资源开放共享
2019年7月30日	中共中央政治局会议	实施城镇老旧小区改造、城市停车场、城乡冷链物流设施建设等补短板工程，加快推进信息网络等新型基础设施建设
2019年12月10日至12日	中央经济工作会议	要着眼国家长远发展，加强战略性、网络型基础设施建设，推进川藏铁路等重大项目建设，稳步推进通信网络建设，加快自然灾害防治重大工程实施，加强市政管网、城市停车场、冷链物流等建设，加快农村公路、信息、水利等设施建设
2020年1月3日	国务院常务会议	大力发展先进制造业，出台信息网络等新型基础设施投资支持政策，推进智能、绿色制造

时间	会议	相关内容
2020 年 2 月 14 日	中央全面深化改革委员会第十二次会议	审议通过了《关于推动基础设施高质量发展的意见》。会议强调，要以整体优化、协同融合为导向，统筹存量和增量、传统和新型基础设施发展，打造集约高效、经济适用、智能绿色、安全可靠的现代化基础设施体系
2020 年 2 月 21 日	中共中央政治局会议	加大试剂、药品、疫苗研发的支持力度，推动生物医药、医疗设备、5G 网络、工业互联网等加快发展
2020 年 3 月 4 日	中共中央政治局常务委员会会议	要加大公共卫生服务、应急物资保障领域投入，加快 5G 网络、数据中心等新型基础设施建设进度
2020 年 4 月 17 日	中共中央政治局会议	要积极扩大有效投资，实施老旧小区改造，加强传统基础设施和新型基础设施投资，促进传统产业改造升级，扩大战略性新兴产业投资
2020 年 5 月 22 日	第十三届全国人民代表大会第三次会议	加强新型基础设施建设，发展新一代信息网络，拓展 5G 网络应用，建设数据中心，增加充电桩、换电站等设施，推广新能源汽车，激发新消费需求、助力产业升级

资料来源：上海海事大学物流情报研究所整理。

　　"新基建"主要包括以下 3 个方面的内容。一是基于新一代信息技术演化生成的基础设施，包括以 5G、物联网、工业互联网、卫星互联网为代表的通信网络基础设施，以人工智能、云计算、区块链等为代表的新技术基础设施，以数据中心、智能计算中心为代表的算力基础设施等。二是深度应用互联网、大数据、人工智能等技术，支撑传统基础设施转型升级，进而形成的融合基础设施，主要包括智能交通基础设施、智慧能源基础设施等。三是指支撑科学研究、技术开发、产品研制的具有公益属性的基础设施，包括重大科技基础设施、科教基础设施、产业技术创新基础设施等。当前，"新基建"的主要关注方向具体为 5G 基站建设、特高压、城际高速铁路和城际轨道交通、新能源汽车充电桩、大数据中心、人工智能、工业互联网七大领域。

7.1.2 "新基建"对中国物流业科技发展的影响

　　物流业是"新基建"的重要应用场景。"新基建"涉及的 5G、城际高速铁路和城际轨道交通、新能源汽车充电桩、人工智能、大数据中心、工业互联网都直接影响着物流业的科技水平和运行模式。我国物流业正处于技术升级发展的关键节点，研究分析"新基建"给物流业科技发展的影响，有助于利用好"新基建"带来的技术红利，推动物流业进入新一轮快速升级发展阶段。

7.1.2.1 "新基建"加速物流业数字化

　　"新基建"能够对传统基建实现良好的赋能效应，为传统基建插上"数字化"的翅膀。依托于"新基建"而兴起的无人物流装备、网络货运等将给物流行业带来升级与变革，供应链运作环节中的作业数据被量化和数字化，位置信息服务、车队安全管理服务、智能挂车与数字货舱、数字化结算服务……物流行业的数字化将渗入全链条的每个要素中。

人工智能、大数据等技术可以帮助物流企业深度挖掘和处理海量信息，并通过建立信息库使运输设备快速识别接受信息，自主规划最优路线，甚至针对不同配送需求提供定制化的物流解决方案，做到运输流程可追踪、过程可控制和结果可预测。通过人工智能、区块链、云计算、大数据等技术，打通供应链上的商流、信息流、资金流、物流，实现供应链可视化管理，具有即时、可视、可感知、可调节的能力。

7.1.2.2　"新基建"赋能物流业智能化

"新基建"带来的5G网络、人工智能、大数据等科技将应用于物流中的运输、仓储、配送以及管理等各个环节中，无疑将赋能物流业智能化进程，推动行业向全新方向发展。物流业是典型的劳动密集型行业，人工成本和运输成本居高不下，而利用新技术推动传统物流面向智能物流转型，实现智能调度、无人机配送，以及货物从入库、存储到包装、分拣流程的智能化和无人化等，将有利于企业重塑供应链，提升物流效率，释放劳动力价值等，实现降本增效，构建智能化的物流系统。

7.1.2.3　"新基建"驱动物流业融合化

随着"新基建"带来的信息技术更新和升级，物流资源与能力将被更好地整合，如不同物流公司之间、不同智能物流装备之间，将可通过云端后台实现数据库共享、地图共享以及彼此之间的联络交互，实现群感智能，从而共同完成各项物流运作。5G和工业互联网技术还能将物流企业与工厂、分支机构、上下游合作单位、用户等主体连接，支撑网络化协同、远程调度控制等新业务、新应用，从而推动物流装备制造与服务在更广范围内的创新发展。

通过平台与平台之间的跨界连接，整合协同更多利益相关方，输入更多资源和规则，搭建相互赋能、融合共生的协同网络，形成多层、跨界、立体的生态结构，超越传统物流和供应链竞争，创造崭新的物流生态发展环境。

7.1.3　"新基建"背景下的中国物流业科技发展策略

7.1.3.1　政府部门

（1）加强"新基建"与物流业融合发展的规划和布局。目前，国家层面正在研究制定推动"新基建"的有关指导意见，上海、北京、浙江、成都、福建等省/直辖市已先后发布了推进"新基建"建设的三年行动方案，5G网络、大数据、人工智能等底层技术将得到快速提升。在此背景下，政府部门应密切关注物流业与上游"新基建"技术的相互衔接、呼应，研究出台

"新基建"技术与物流业同频共振的扶持政策，明确物流业中的关键应用场景，为"新基建"技术与物流业融合发展做好政策保障。

（2）构建多元化资金投入体系。推进"新基建"技术在物流场景中的应用，需要实施积极的财政政策，加快出台配套措施，对研发"新基建"技术有针对性地给予财政、金融和产业政策支持。政府方面应鼓励不同市场主体按照市场经济规则灵活开展多种形式合作，发挥政府和大型国有企业在关键领域的主导作用，鼓励和支持民营企业进入"新基建"领域，并将"新基建"领域的成果带进物流业。探索设立"新基建"＋"物流"产业融合发展基金，支持重点企业开展技术攻关和示范应用。

（3）强化"新基建"与物流业融合的配套服务保障。设立"新基建"与物流业融合的重大项目清单，通过优化土地政策、建立科技项目库等方式优化资源供给，提高关键"卡脖子"技术的自主创新能力，降低对外依存度。修订有利于"新基建"与物流业持续健康发展的技术准入规则，完善相关的立法工作，形成数字化、智能化物流系统中的数据资源开发、采集、利用等方面的法规，实现数据资源的有效整合、畅通流动和安全利用。建立"新基建"与物流业融合发展工作推进跟踪评估机制和绩效考评机制，从组织领导、任务落实、项目推进、信息报送等方面对各省市进行专项跟踪监测与绩效评估。

7.1.3.2 物流企业

（1）拥抱"新基建"。"新基建"是经济社会发展的必然趋势，将为物流业的转型升级增加新动能。物流企业应深刻认识到"新基建"对物流业的深远影响，抓住"新基建"的风口，加紧在战略层面的布局，加强应用场景与上游技术的融合。同时，也要清醒地认识到，"新基建"技术在物流细分领域的应用尚处于初期阶段，距离形成真正的新型基础设施还有一定差距。

（2）加大"新基建"布局。"新基建"将形成"基础层—技术层—应用层"的产业发展链条，科技创新的力量将会更加凸显。物流企业应以物流业实际需求为立足点适当向"新基建"领域的技术层延伸，为上游技术的创新应用提供更多灵感，缩短技术研发与实际场景应用的距离。同时，物流企业应加大科研投入，升级现有物流基础设施，丰富"新基建"技术应用场景，争取技术上的主动权，形成具有自主知识产权的产品和技术，在行业内赢得核心竞争力，逐步形成以智慧物流为主要应用场景的产业集群。

（3）加强物流平台建设。物流平台企业是借助"新基建"底层技术，打破传统企业边界，以价值互动和交易为主线，将物流要素、服务场景与平台模式有机结合起来。未来，物流企业之间的竞合是通过平台和平台之间的跨界连接来实现的，通过搭建相互赋能、融合共生的协同网络，形成多层、跨界、立体的平台互联结构，超越传统的物流和供应链竞争，创造生态共同体。物流企业应基于消费者的全流程物流配送体验迭代，通过整合人工智能、大数据、云计算、5G 等核心技术，将原来割裂的各环节物流信息资源聚合起来，形成平台化的信息共享、数据赋能体系，搭建起开放的专业化、标准化、智能化的智慧物流平台，为各行业内的生态伙伴提供智慧供应链支撑，成为平台级的"新基建"参与者。

7.1.3.3 高等院校与科研机构

（1）优化科研创新体系。加强"新基建"涉及的 5G、大数据、人工智能、工业互联网等领域内基础技术和核心关键技术的研究。围绕"新基建"＋"物流"领域基础理论、核心关键共性技术和公共支撑平台等方面需求，加快建设系列创新基地和协同创新中心。谋划和创新"新基建"在物流领域的应用场景，建设若干高水平科技智库，为物流业科技水平提升提供战略指导和智力支持。积极争取和承担国家重大科技任务，培养、造就一批具有国际声誉的战略科技人才、科技领军人才，组建一批跨学科、综合交叉的物流科技创新团队和创新研究群体，进一步提升科技创新能力和服务国家需求的能力。

（2）完善物流科技人才培养体系。增设人工智能、大数据等专业，并将其与物流工程、物流管理等相关专业交叉融合，完善学科布局。探索"人工智能＋物流""大数据＋物流"等适应"新基建"发展的物流科技人才培养模式，推进物流领域一流本科、一流专业、一流人才建设。引入产业专家进校园，提升师资力量和水平，完善"新基建"＋"物流"专业领域多主体协同育人机制，以多种形式培养多层次的物流科技人才。

（3）支持地方和区域创新发展。根据区域经济及物流业发展特点，围绕国家重大部署，与政府部门、致力于解决"卡脖子"技术难题的物流企业共建一批"新基建"领域协同创新中心、联合实验室等创新平台和新型研发机构，将"新基建"领域的基础性、原创性技术成果与地方政府、物流科技企业需求对接，加速创新成果落地，推动地方经济转型升级和区域创新发展，助力国家战略实施。

7.2 突发事件下中国物流业科技发展策略

近年来，以新冠肺炎疫情为代表的突发公共事件的发生频次不断增大，并具有明显的复杂性特征，包括发展的不确定性、影响的广泛性和处置的紧迫性，常规处理方式难以应对，对社会、经济的健康发展有着极大的危害性。突发公共事件激发出新的科技需求，集中在远程化、透明化、无接触、智能化、无人化、柔性化等方面，加速推动了各行业向新业态的升级与变革。本节聚焦突发公共事件应急需求驱动下的供应链科技体系，明确应急供应链、智慧供应链创新主攻方向和突破口，从而充分发挥供应链在提高社会保障能力的重要作用。

7.2.1 突发事件的概念

根据我国 2007 年 11 月 1 日起施行的《中华人民共和国突发事件应对法》的规定，突发事件是指突然发生，造成或者可能造成严重社会危害，需要采取应急处置措施予以应对的自然灾害、事故灾难、公共卫生事件和社会安全事件。自然灾害如 2008 年发生的汶川大地震，事故灾难如矿难、火灾、地下人防工程塌方、放射性物质污染、化工污染等，公共卫生事件如 SARS（重症急性呼吸综合征）、新冠肺炎疫情，社会安全事件如重特大刑事案件、群体性事件等。突发事件的特点包括以下六点。

（1）突发性。突发事件发生的具体时间、实际规模、具体态势和影响深度是难以预测的。

（2）破坏性。突发事件的破坏性来自多个方面：对公众生命安全构成威胁、造成公共财产损失、对各种环境产生破坏、扰乱社会秩序和引发公众心理障碍。

（3）聚集性。突发事件引发包括人的聚集和物的聚集。当突发事件涉及部分人的切身利益时，会引发人们的关注并产生不安情绪，尤其是社会性事件中，群众受到引导则容易引发聚集。突发事件造成人员伤亡时，往往会产生大规模物资采购调配，从而产生物的聚集。

（4）衍生性。衍生性是指由原生突发事件的发生而引起其他损害事件的发生，使原突发事件带来的损失不断延伸。

（5）扩散性。现代交通与通信技术的发展使全球一体化的进程在不断加快，地区、地域间的依赖性不断增强，这使得突发事件造成的影响不再局限于原发地，会通过内在联系引发跨地区的扩散和传播，形成更为广泛的影响。

（6）失衡性。突发事件会使社会偏离正常发展轨道，进而引发失衡。人们的生活处于不稳定状态，组织工作的常规方式和工作程序失去作用，需要用特殊应急组织手段才能一定程度上恢复社会秩序。

这些突发事件往往会对供应链造成冲击。突发事件发生时，企业通常面临的风险有：供应中断、需求中断、物流中断、信息中断等。随着供应链网络结构范围不断拓广，其网络结构日趋复杂，同时也增加了网络成员之间的依赖性和供应链的脆弱性。由于突发事件的突发性，企业往往没有充足的时间组织资源应对，又因为其破坏性和扩散性，供应链上某个节点的生产运营中断或失效，可能导致整个供应链运营故障，同时威胁该供应链上企业的生存和发展。在网络化、全球化分工的产业格局下，供应链中断不仅会打乱人们的生产生活，还会对国民经济产生负面影响，严重的甚至会影响国家产业在全球供应链中的地位。因此，无论是政府还是企业都需要以此次新冠肺炎疫情为契机，从供应链管理的角度进行思考，完善风险管理机制，提高供应链的可靠程度。

7.2.2　突发事件对中国物流业科技发展的影响

突发事件应急需求驱动下的技术体系，聚焦云计算、大数据、人工智能、物联网、GIS（地理信息系统）、机器人、5G、区块链、柔性生产等上百种应用场景，并将突发事件的应对策略分为监测预警、预防准备、处置救援、恢复重建四个阶段，各种技术的应用场景围绕它们展开（见表7-3）。

表7-3 突发事件应急需求驱动下的技术体系

技术应用密集程度	应用场景	应用阶段			
		监测预警	预防准备	处置救援	恢复重建
★★	柔性生产	—	3D打印；柔性制造	柔性供应链	
★★	区块链	数据共享	资金追溯	—	无接触签署
★★	5G	—	云监工；无人巡检；无人配送	云端医疗	—
★★★	机器人	—	配送机器人；巡检机器人；消毒机器人	医护机器人	仓储机器人
★★★★	GIS	轨迹跟踪	时空动态分析；人群监控	—	电子围栏无感签到
★★★★	物联网	物资管理	资源调度；无接触购物	无接触医疗	智能园区
★★★★★	人工智能	突发事件智能通报	无感测温；人脸识别	AI诊断	恢复生产规划
★★★★★	大数据	突发事件预测；突发事件轨迹；决策视图	实时播报；舆情监控	—	出行规划
★★★★★	云计算	大数据分析	协同供应链	算力平台	远程办公；远程作业

资料来源：京东物流《供应链科技在突发公共事件中的应用及趋势》。

从表7-3可见，突发事件下的技术应用场景集中表现为远程化、透明化、智能化、柔性化、无接触、无人化，相对于供应链的要求是通过供应链重塑，使供应链更加智慧、协调、柔性。

7.2.2.1 突发事件倒逼供应链重塑优化

此次新冠肺炎疫情是人类的灾难，但也是全球产业链转型升级的机会。有业内人士认为，如果此次新冠肺炎疫情的经历能给企业敲响警钟，就有可能推进全球建立一个更加灵活、可靠、抗冲击的供应链网络。未来，以数字化、网络化、智能化为基础的产业互联网系统会使供应链系统更加快捷灵活。

首先，全球供应链数字化进程将会加快。无论从短期还是长期看，企业的一个优先任务都是更好地了解其生产过程中的脆弱性，企业需要找出全部的直接和间接供应商，这将可能加速全球供应链的数字化进程。数字化允许跨国公司通过增加或减少网络单元、调整多边平台或修改现有链接和互动来快速改变其业务模式，降低供应链管理和交易成本。因此数字化支持的跨国公司平台将以全新的方式促进世界各地不同行动者群体之间的联系，从而改变现有的供应链模式。其次，新一代物流将通过短链，实现高效、精准、敏捷的服务，主要体现在三个方面：①通过仓配一体服务模式，缩短中间链条，同时，优化仓储网络布局，把商品放到离消费者最近的位置，快速交付；②洞察消费者需求，设计个性化的物流服务，还可将消费分析反向输出给品牌商，促使其精准供应、营销、服务，推动整个供应链优化；③业务可以随意搭配，满足客户不同需求，各参与方直接高效对接，应对需求的不确定性。

7.2.2.2　突发事件倒逼供应链智慧优化

新冠肺炎疫情期间，基于5G、人工智能、大数据等高科技的智能化工厂与智慧物流中心成为一大亮点，随着未来5G商业应用的普及，智慧供应链是一种必然趋势。基于基础资源和核心能力，智慧供应链平台将为现代供应链三大应用场景（生产、流通、消费）赋予三类智慧（可视化、可感知、可调节）。其中，物联网是现代供应链可视化的最佳解决方案，物物相连，将实物数据化、信息化和网络化，实现对物品的智能化识别、定位、跟踪、监控和管理，可以构建信息流与实物流之间的紧密对应关系，透过物联网看到真实供应链。人工智能是供应链可感知的最佳解决方案，提供了大数据决策、云计算服务和机器学习算法，让我们能够感知供应链上的规律与变化。区块链则是现代供应链可调节的最佳解决方案，去中心化的智能合约解决了供应链的刚性约束，让合作方快速建立信任，无须浪费时间进行低效博弈，引导合作方将更多的精力花费在如何与其他供应链比拼成本和效率，为最终客户提供最优的产品和服务上，从而让现代供应链具备了动态调节能力。

7.2.2.3　突发事件倒逼供应链柔性优化

供应链柔性是指供应链应对环境引起的不确定性的能力，提高供应链柔性有助于提高其应对突发事件的能力。供应链柔性一般包括三部分：一是缓冲能力，即抵御环境变化；二是适应能力，即当环境发生变化时，供应链在不改变其基本特征的前提下，作出相应调整的能力；三是创新能力，指供应链采用新行为、新举措，影响外部环境和改变内部条件的能力。在供应链中采购、生产、物流环节以及相应的信息系统都应具备一定柔性。物流的柔性体现在战略级物流中心或节点的多功能性，对多种业务的兼容性，对紧急业务的包容性，还体现在增设部署的柔性与便利性，实现在较短的时间内完成物流产能的补充或扩大，这对软件与智能硬件的融合都提出了要求。

7.2.3　突发事件下的中国物流业科技发展策略

7.2.3.1　政府部门

（1）完善供应链风险预警与管理机制。此次新冠肺炎疫情暴露了中国企业应对突发事件能力稍显不足的问题，面对危机，企业转型及调整正快速有序进行。为了更好地缩小突发事件对供应链造成不利影响，政府需要给予企业外部支持与配合，采取系统化的措施鼓励与帮助企业建立弹性供应链，增强各产业供应链的抗风险能力。首先，建立基于突发事件的供应链预警体系。通过建设信息数据平台，形成行业信息数据实时监测体系，将监测的数据和信息及时反馈给供应链参与者。在此基础上，结合各行业特点，遴选关键指标和事件进行预警分析，检测数据为后续的政策出台提供决策依据。其次，充分推动建立产业平台以及产业集群，带动产业供应链的参与者，特别是中小企业完善供应链体系。鼓励核心企业构建供应链平台，协同上下游企业，聚集各类生产要素，促进资源高效配置和供需精准匹配，推进供应链向全流程数字化、网络化发展。

（2）深入推进国际供应链战略布局。此次新冠肺炎疫情让很多国家意识到，需要从战略角度思考本国主导和参与全球供应链的策略，以便帮助企业降低参与全球供应链的风险。世界市场的资源配置活动将更多受到政府的影响。中国应高度重视这一历史时机，抢抓机遇巩固与拓展全球供应链，进一步扩大中国制造在全球的市场份额，开创全球供应链新局势。深入推进供应链全球布局，加强与伙伴国家和地区之间的合作共赢，有利于我国企业更深更广融入全球供给体系，推进"一带一路"倡议落地，打造全球利益共同体和命运共同体。

（3）推广5G技术下智慧供应链变革。5G技术能贯通商流、物流、资金流、信息流，赋能供应链各环节，随之演化的产业供应链中可能存在的近零成本、高效率及从非标准化接口向标准化接口演化的环节将成为撬动全社会产业结构变革的支点，也使得各行业各区域要素禀赋可以跨功能、跨时空、跨逻辑地实现资源配置优化，从智能到智慧将成为5G时代的标志。政府部门应重视供应链全链条重塑和协同发展，助力供应链数字化、智慧化、生态化转型，实现整个供应链的智慧化升级与效率提升。

7.2.3.2 物流企业

（1）建设柔性供应链。首先，建设供应链弹性节点可以提高供应链柔性。在供应链管理日趋精益化的今天，企业对供应链及其供应商能力的依赖程度不断加深，这使企业在成本降低、生产效率提升的同时更容易受到不确定因素的影响。而建设弹性节点虽然能提高企业应对突发事件的能力，但需要付出更多的运营成本，企业往往为了追求效益而忽视这一点。因此，平衡好抗风险能力与成本应是企业思考的重点。在弹性节点建设上，共用性与通用性应是重点，例如，多功能战略级物流中心可以对多种业务兼容，在紧急情况下能在较短的时间内完成物流能力的补充或扩大。其次，在供应链全程都可以采取适应性策略以提高柔性。在物流阶段，企业可以通过储备多种不同的物流资源提高供应链柔性，如航空运输、海洋运输、铁路运输之间的替换使用或综合使用，并增加具有相应资源的平台性供应商储备。在研发环节，企业可以通过增加模块化和零部件的通用性来提升供应链柔性，在突发事件发生时更容易集中调配资源以维持供应链运转。在生产阶段，企业可以提高生产线的通用性，在保证品质、交货期、成本的前提下，实现生产线在不同产品之间高自由的切换，从而灵活调整生产策略。最后，在构建柔性供应链的过程中，企业可以通过信息系统收集数据与反馈，通过量化指标来系统地评价并持续改进运营举措，不断提高供应链柔性，从而提高企业应对突发事件的能力。

（2）供应链数字化管理。在经营环境不确定性增强的状况下，供应链数字化管理有利于增强信息处理能力，提高供应链动态应对风险的能力，在面对突发事件时能作出快速反应。企业应推广供应链数字化平台，形成完整的供应链监控体系和应对突发事件的响应计划，做到供应链全程可视、可追溯，对各节点的状态的监控及时、可控。上下游企业进行充分协同，提高供应链信息的完整性和透明性。实力较强的核心企业应利用自身的能力强化供应链管理，搭建数字化平台，整合供应链网络中的参与者，提升供应链网络效能。在紧急情况发生时，核心企业应带动中小企业，稳定供应链运营，提升应急反应效率。

（3）建设智慧供应链。智慧供应链以消费者需求为驱动，注重与客户及供应商的信息共享与协同。在信息技术手段的加持下，通过各企业各部门的协同，供应链业务流程可以得到优化，显著提高对市场的响应速度，同时有利于供应链变得透明、增强供应链柔性和面对突发事件的敏捷程度。打造智慧供应链还可以在很大程度上降低企业的运营成本，通过使用人工智能，企业可以减少人工成本。例如，在智能物流中心里，末端模式需要更加多元化和智能化，物流企业需要有针对性地调整其末端模式，同时考虑时效和成本、多元化末端网点的功能和形式，并通过科技化的手段来逐步升级运作和管理模式，以求在市场中获得更强的竞争力。在此驱动下，阿里巴巴、京东、顺丰、美团、饿了么、苏宁等公司均在推出自己的无人机、无人车系统，顺丰甚至推出了无人车、无人机、快递塔、智能柜组合的末端完整解决方案。

7.2.3.3　高等院校与科研机构

（1）构建多层次应急供应链人才培养体系。充分发挥高校的学术资源和科研优势，积极开展企业合作研究，成立应急供应链研究中心，建立行业指数、经济运行、突发事件预警等指标体系，为供应链升级和转型提供管理实践指导和政府决策支持。设置应急供应链课程，在政府指导下进行应急人才培训建设，筹备应急管理培训基地，对政府相关部门进行管理培训，对物流机构相关应急从业人员进行技能培训，在突发事件发生时，能够快速应对突发事件。

（2）聚焦供应链技术的研发趋势。从中长期来看，中国经济数字化的大趋势已经显现，而且不可逆转。在此背景下，作为畅通国民经济循环的重要基础的供应链体系，其信息化、数字化和智能化发展步伐也将不断加快。科研机构需聚焦大数据、云计算、区块链等技术在供应链领域的应用研发。例如，信息化、数字化、智能化供应链创新发展，需要关注5G、云平台、物联网、服务器、移动终端等新型信息基础设施技术。此外，还需要重视大量新型应用工具、设施和装备研发，包括各类供应链管理软件、资源交易与匹配平台等，为供应链上下游企业上线上云、便捷高效地开展业务和实现供应链分工合作，提供不可或缺的供应链生态和技术支撑。

（3）打通科技成果转化"最后一公里"。高校和科研机构应进一步推进科研机制创新，合理配置资源，成立专门的技术转移机构，并通过"高校技术转移联盟""科技成果转化统筹协调与服务平台"等平台，加大对科研人员奖励力度，创新产学研合作模式，健全考核评价体系，从而提高成果转化率，提升成果转化动力。

附件 A　图目录

A

图目录

附件 B 表目录

参考文献

［1］黄有方．物流信息系统［M］．北京：高等教育出版社，2010．

［2］黄有方．装备制造业虚拟库存管理及协同物流配送技术［M］．北京：科学出版社，2014．

［3］教育部高等教育司．中国物流发展与人才需求研究报告［M］．北京：中国物资出版社，2007．

［4］王之泰．新编现代物流学［M］．北京：首都经济贸易大学出版社，2005．

［5］王之泰．物流工程研究［M］．北京：首都经济贸易大学出版社，2004．

［6］王之泰．现代物流管理［M］．北京：中国工人出版社，2001．

［7］何明珂．物流系统论［M］．北京：中国审计出版社，2001．

［8］让－弗朗索瓦·阿维斯，丹尼尔·萨斯拉夫斯基，劳里·奥加拉，等．世界银行物流绩效指数报告——联结以竞争：全球经济中的贸易物流（2014）［M］．王波，译．北京：中国财富出版社，2016．

［9］姜旭．日本物流［M］．北京：中国财富出版社，2018．

［10］迈克尔·波特．竞争战略［M］．陈小悦，译．北京：华夏出版社，2005．

［11］E. M. 罗杰斯．创新的扩散［M］. 5 版．唐兴通，郑常青，张延臣，译．北京：电子工业出版社，2016．

［12］上海海事大学，中国物流与采购联合会．中国物流科技发展报告（2016—2017）［M］．上海：上海浦江教育出版社，2017．

［13］上海海事大学，中国物流与采购联合会．中国物流科技发展报告（2017—2018）［M］．上海：上海浦江教育出版社，2018．

［14］上海海事大学，中国物流与采购联合会．中国物流科技发展报告（2018—2019）［M］．上海：上海浦江教育出版社，2019．

［15］国家统计局．中华人民共和国 2019 年国民经济和社会发展统计公报［EB/OL］. (2020 – 02 – 28) ［2020 – 07 – 21］. http：//www. stats. gov. cn/tjsj/zxfb/202002/t20200228_1728913. html.

［16］中国物流与采购联合会，中国物流信息中心．2019 年物流运行情况分析与 2020 年展

望［EB／OL］.（2020－04－20）［2020－07－20］. http：//www. clic. org. cn/yw/305081. jhtml.

［17］牛瑞飞. 世贸组织最新报告显示——全球贸易面临大幅缩水［N］. 人民日报，2020－04－10（16）.

［18］甘皙.2020 年我国快递业务量预计将超 740 亿件［EB／OL］.（2020－03－30）［2020－07－21］. http：//www. xinhuanet. com/info/2020－03/30/c_138929757. htm.

［19］黄君芝. 新冠疫情肆虐全球 OECD 下调全球经济增速预期 呼吁各国争取协调一致多边行动［EB／OL］.（2020－03－03）［2020－08－23］. https：//www. sohu. com/a/377333394_222256.

［20］国务院办公厅. 国务院办公厅转发《关于进一步降低物流成本的实施意见》［EB／OL］.（2020－06－02）［2020－06－23］. http：//www. gov. cn/xinwen/2020－06/02/content_551 6867. htm.

［21］吕程. 国内外物流研究现状、热点与趋势——文献计量与理论综述［J］. 中国流通经济，2017，31（12）：33－40.

［22］胡宇芬，周晓迅，赵琦. 看国家科技奖励大会上的"湖南创造"［EB/OL］.（2020－01－11）［2020－07－23］. http：//www. hn. xinhuanet. com/2020－01/11/c_1125448388. htm.

［23］白宇. 北京航空航天大学等科研项目通过科技成果评价［EB/OL］.（2018－07－17）［2020－07－23］. http：//society. people. com. cn/n1/2018/0717/c1008－30153427. html.

［24］邱丹丹. 矿山带式输送系统关键技术获国家科技进步奖，助力大型现代化矿山发展［EB/OL］.（2020－01－16）［2020－07－23］. https：//new. qq. com/omn/20200116/20200116A 0K9U700. html.

［25］高等学校科学技术奖励委员会. 高等学校科学技术进步奖推荐项目公示信息（2019 年度）——"特色果蔬精准物流保鲜关键技术研究与应用"［EB/OL］.（2019－05－15）［2020－07－23］. http：//kjc. tust. edu. cn/docs/2019－05/20190515183105116069. pdf.

［26］中国国际海运集装箱（集团）股份有限公司. 中集智能荣获 2017 年度国家教育部 | 科技进步一等奖［EB/OL］.（2018－06－13）［2020－07－23］. https：//www. roadshowchina. cn/Wap/Company/news. html？nid＝80257&oid＝67.

［27］武汉理工大学智能交通系统研究中心. "内河交通运行状态监控与服务关键技术研究及应用"科技成果被湖北省技术厅鉴定为国际先进水平［EB/OL］.（2015－07－20）［2020－07－23］. http：//its. whut. edu. cn/zzxw/201507/t20150720_172624. htm.

［28］苗苏. 何黎明：中国物流业处于战略转型期 迎来重大机遇［EB/OL］.（2016－11－17）［2020－07－23］. http：//news. china. com. cn/2016－11/17/content_39728509. htm.

［29］"十四五"规划信息网. 十四五规划期中国经济社会发展前景与目标研究［EB/OL］.（2020－06－15）［2020－07－24］. http：//www. guihuaxxw. com/News Detail/1976035. html.

［30］张俊勇，郭彩荔，陈艳春. 我国"十三五"物流业发展成就及"十四五"发展展望［J］. 铁路采购与物流，2020，15（4）：58－61.

［31］童孟达. 中国港口"十四五"发展的若干重大问题［J］. 中国港口，2019（11）：6－10.

［32］安链云. 区块链技术在物流行业的三个应用和发展方向［EB/OL］.（2019－07－29）［2020－06－28］. https：//www. sohu. com/a/330002359_120007902.

［33］BCG 波士顿咨询. 区块链在物流行业"水土不服"，何解？［EB/OL］.（2019－07－30）［2020－06－28］. https：//www. iyiou. com/p/107182. html.

［34］Satoshi Nakamoto. Bitcoin：A Peer－to－Peer Electronic Cash System［EB/OL］.（2009－03－24）［2020－06－25］. https：//bitcoin. org/bitcoin. pdf.

［35］章刘成，张莉，杨维芝. 区块链技术研究概述及其应用研究［J］. 商业经济，2018（4）：170－171.

［36］刘少芳. 基于专利权人视角的全球区块链技术专利发展态势分析［J］. 科技和产业，2019，19（8）：120－124.

［37］苑朋彬，佟贺丰，赵蕴华. 基于专利分析的全球区块链技术竞争态势研究［J］. 全球科技经济瞭望，2018，33（3）：69－76.

［38］雷孝平，张海超，桂婕，等. 基于论文和专利的区块链技术研发状况分析［J］. 情报工程，2017，3（2）：20－32.

［39］黄海峰，刘辉. 基于专利的区块链技术发展现状与竞争态势分析［J］. 世界科技研究与发展，2019，41（6）：676－688.

［40］张维冲，王芳，赵洪. 多源信息融合用于新兴技术发展趋势识别——以区块链为例［J］. 情报学报，2019，38（11）：1166－1176.

［41］王玲，李倩，王金晓. 我国区块链行业及典型机构专利地图分析［J］. 科技管理研究，2019，39（20）：161－168.

［42］商琦，陈洪梅. 区块链技术创新态势专利情报实证［J］. 情报杂志，2019，38（4）：23－28，59.

［43］韩平. 详解｜业内首个 AIoT 操作系统旷视「河图」［EB/OL］.（2019－01－18）［2020－07－05］. https：//www. im2maker. com/news/20190118/aaf70ee473cdfaf7. html.

［44］EDA365 电子论坛网. 用 20 亿撬动 250 万亿市场！看 AI 独角兽旷视科技怎样布局［EB/OL］.（2020－03－09）［2020－07－05］. https：//www. eda365. com/article－106297－1. html.

［45］搜狐公众平台. 旷视科技构建以河图为核心的智能柔性物流系统，汽车物流得以升级

［EB/OL］. （2019 – 12 – 26）［2020 – 06 – 26］. https：//www. sohu. com/a/362893800_100028054.

［46］创业邦. 首发｜AMR 企业灵动科技完成 1 亿元 B + 轮融资，落地近 10 家 500 强客户，提升 2 – 3 倍生产力［EB/OL］. （2020 – 04 – 02）［2020 – 06 – 28］. https：//tech. sina. cn/2020 – 04 – 02/detail – iimxyqwa4619262. d. html.

［47］灵动科技. AMR 全球四强公司灵动科技闪耀 MODEX 2020［EB/OL］. （2020 – 03 – 11）［2020 – 07 – 02］. http：//www. chache808. com/technology/detail/id/128804. html.

［48］彭斐. 160 万公里寿命 特斯拉曝光新电池专利［EB/OL］. （2020 – 04 – 26）［2020 – 07 – 05］. https：//www. autohome. com. cn/news/202004/989595. html.

［49］车东西. 特斯拉今年或推"长寿电池"在电动车上使用寿命达 160 万公里［EB/OL］. （2020 – 01 – 06）［2020 – 07 – 03］. https：//www. sohu. com/a/365064141_742622.

［50］车东西. 宁德时代 CEO 曝新电池：寿命 200 万公里，能让电动车用 16 年［EB/OL］. （2020 – 06 – 09）［2020 – 07 – 02］. http：//k. sina. com. cn/article_6367828723_17b8d5af302000rgaj. html.

［51］AirAsia. Teleport announces Freightchain, a digital network to instantly bid and book air cargo［EB/OL］. （2020 – 04 – 16）［2020 – 07 – 08］. https：//newsroom. airasia. com/news/2020/4/16/teleport – announces – freightchain – a – digital – network – to – instantly – bid – and – book – air – cargo.

［52］新浪财经综合. 提高货运透明度 亚航开通基于区块链的货运溯源网络［EB/OL］. （2020 – 04 – 21）［2020 – 06 – 28］. https：//finance. sina. cn/blockchain/2020 – 04 – 21/detail – iircuyvh9026442. d. html.

［53］Ting Peng. 区块链技术可帮助航空货运业每年节省 4 亿美元［EB/OL］. （2020 – 03 – 16）［2020 – 06 – 29］. https：//www. chainnews. com/articles/124776866273. htm.

［54］GEEK +. Picking［EB/OL］. （2020 – 05 – 15）［2020 – 06 – 01］. https：//www. geekplus. com/product – 2/picking/.

［55］物流技术与应用. Geek + 首次公开展示全新 RoboShuttle 机器人穿梭系统！［EB/OL］. （2019 – 04 – 16）［2020 – 06 – 01］. https：//mp. weixin. qq. com/s/WU86R5kIumEJIyi3O7B6yQ.

［56］张民生（AGV 网）. IFOY 大奖入围产品巡礼之十——Geek + Robot shuttle C200 机器人穿梭系统［EB/OL］. （2020 – 03 – 17）［2020 – 06 – 01］. https：//mp. weixin. qq. com/s/PnB8CAvPDh4d9oDtNdY55w.

［57］亿欧. 火爆的货箱仓储机器人，你真的懂吗？［EB/OL］. （2020 – 05 – 15）［2020 – 06 – 01］. https：//mp. weixin. qq. com/s/xXK9A0k4XhYmPIhzHEq2aA.

［58］物流指闻. 创新科技：货箱仓储机器人能给物流带来哪些改变？极智嘉 + 给出一个答

案［EB/OL］.（2020 - 05 - 15）［2020 - 06 - 26］. https：//mp. weixin. qq. com/s/H8DD1pfwA k - R_ BpX7slWLA.

［59］56 君（物流搜索）. 蝉联 RBR TOP50 后，极智嘉 + 的新规划［EB/OL］.（2020 - 06 - 22）［2020 - 06 - 26］. https：//mp. weixin. qq. com/s/VhMqHcA_ alnAd_ 7itoNQTw.

［60］余黎. 自动化立体仓库在物流工程中的应用及发展［J］. 科学技术创新，2019（7）：177 - 178.

［61］褚晓东. 自动化立体仓储管理系统设计与实现［D］. 大连：大连理工大学，2019.

［62］胡正皓. 基于物联网的仓储自动化探究［J］. 科技传播，2019，11（5）：113 - 114.

［63］物流搜索. 美团闪购"无人微仓"，拣货到打包全程自动化！［EB/OL］.（2019 - 06 - 18）［2020 - 06 - 26］. https：//www. sohu. com/a/321462775_ 610732.

［64］未杏龙（物流沙龙）. 定义前置仓未来的美团闪购无人微仓（PPT 附下载）［EB/ OL］.（2019 - 08 - 07）.［2020 - 06 - 26］. https：//mp. weixin. qq. com/s/kbaLot_ Q57dimmsW - BDqlA.

［65］商业观察家. 美团闪购无人微仓，会是前置仓未来否［EB/OL］.（2019 - 06 - 25）［2020 - 06 - 26］. https：//zhuanlan. zhihu. com/p/70702187.

［66］小 v（联商网资讯）. 前置仓 2.0：美团推出全自动"无人微仓"［EB/OL］.（2019 - 07 - 12）［2020 - 06 - 26］. https：//mp. weixin. qq. com/s/HN3URXDrmu0H5p4Q6m2NZw.

［67］何振华. 我国即时物流行业研究［J］. 商业经济研究，2020（10）：100 - 102.

［68］刘如意. 数智赋能下的即时物流发展趋势探究［J］. 物流科技，2020，43（4）：57 - 60.

［69］王本丞，任建伟. 基于订单整合的即时物流配送"打包"算法研究［J］. 信息与电脑（理论版），2020，32（6）：69 - 72.

［70］刘如意. 疫情影响下即时物流行业的变局与发展方向［J］. 南昌师范学院学报，2020，41（1）：23 - 28.

［71］史亚娟. 即时物流中的"伪刚需"与"真爆点"［J］. 中外管理，2020（1）：106 - 107.

［72］蒋旋，孟凡会. 基于模糊 Kano 模型与 IPA 分析的新零售即时物流服务质量研究［J］. 物流技术，2019，38（10）：49 - 53.

［73］唐潇. 新零售趋势下即时物流配送模式的优化问题研究［D］. 青岛：青岛科技大学，2019.

［74］张晓芹. 面向新零售的即时物流：内涵、模式与发展路径［J］. 当代经济管理，2019，41（8）：21 - 26.

［75］杨守德．中国即时物流产业发展问题及对策研究［J］．商业经济，2019（3）：56 – 57，93.

［76］钟荷．中国新零售变革引关注 外媒惊叹即时物流速度［J］．商业文化，2018（19）：86 – 87.

［77］喜崇彬．当即时物流遭遇新零售［J］．物流技术与应用，2018，23（5）：84 – 87.

［78］上海艾瑞市场咨询有限公司．中国即时物流行业研究报告 2020 年［R］．艾瑞咨询系列研究报告（2020 年第 6 期），2020 – 06.

［79］国盛证券研究所．顺丰控股［R］．国盛证券，2020 – 07.

［80］商务部电子商务和信息化司．中国电子商务报告（2019）［R］．中华人民共和国商务部，2020 – 05.

［81］彭琨懿．2019 年中国农产品冷链物流市场需求及发展前景分析 万亿市场前景明朗［EB/OL］．（2019 – 12 – 07）［2020 – 06 – 26］．https：//www. qianzhan. com/analyst/detail/220/191205 – 2d6671d4. html.

［82］交通运输部．2019 年交通运输行业发展统计公报［R］．中华人民共和国交通运输部，2020 – 05 – 12.

［83］吕建军．中国农村电商物流发展报告［R］．人民网新电商研究院，2020 – 04.

［84］商务部国际贸易经济合作研究院课题组．2019 中国电商兴农发展报告［R］．商务部，2019 – 12.

［85］乌云．"互联网＋"背景下城乡流通一体化研究［J］．山西农经，2017（18）：15 – 16.

［86］柳萌．"互联网＋"背景下农村电商发展模式探索及物流支撑体系创新［J］．价值工程，2017，36（17）：100 – 101.

［87］黄先超．"淘宝村"发展的"清河模式"与诸要素分析［J］．管理观察，2017（12）：56 – 57.

［88］刘纷．平台式电商供应链金融的融资模式分析——以阿里巴巴为例［D］．广州：广东外语外贸大学，2019.

［89］临菲信息技术港．6G 泛在无线智能的关键驱动因素和研究挑战——6G 旗舰白皮书导读［EB/OL］．（2019 – 09 – 25）［2020 – 08 – 26］．https：//www. sohu. com/a/343339179_120346512.

［90］admin．《6G 概念及愿景白皮书》发布［EB/OL］．（2020 – 06 – 05）［2020 – 07 – 26］．http：//www. ccidwise. com/plus/view. php？aid ＝16087&tyid ＝3.

［91］何楷，何金阳，陈金鹰．6G 移动通信技术发展与应用前景预测分析［J］．通信与信

息技术，2019（2）：43 – 44，25.

［92］任小琴，马娟花，谭玲，等 . 6G 关键技术与研究进展［J］. 通信与信息技术，2020（2）：62 – 65.

［93］魏克军 . 全球 6G 研究进展综述［J］. 移动通信，2020，44（3）：34 – 36，42.

［94］朱明 . 面向 6G 的 URLLC 需求与关键技术分析［J］. 通讯世界，2020，27（5）：42，44.

［95］赵亚军，郁光辉，徐汉青 . 6G 移动通信网络：愿景、挑战与关键技术［J］. 中国科学：信息科学，2019，49（8）：963 – 987.

［96］朱明 . 面向 6G 的智能机器通信与网络［J］. 通讯世界，2020，27（6）：69，71.

［97］果壳 . 一张图告诉你什么是智能工厂！［EB/OL］.（2018 – 07 – 21）［2020 – 06 – 01］. https：//mp. weixin. qq. com/s/xBSskhSkgRwf – L7wSeXgCQ.

［98］德勤 Deloitte.【工业 4.0 系列】揭秘智能工厂［EB/OL］.（2018 – 01 – 26）［2020 – 06 – 01］. https：//mp. weixin. qq. com/s/7TRH976iO – Iltb93RcuHSg.

［99］智造家 . 智能工厂内部结构层次划分［EB/OL］.（2018 – 11 – 15）［2020 – 06 – 01］. https：//gongkong. ofweek. com/2018 – 11/ART – 310010 – 8500 – 30281771. html.

［100］北大纵横 . 智能工厂的智能物流规划［EB/OL］.（2020 – 06 – 13）［2020 – 07 – 01］. https：//mp. weixin. qq. com/s/JgQqQv3Ot_uTKP – x90DXfA.

［101］杜品圣 . 智能工厂——德国推进工业 4.0 战略的第一步（下）［J］. 自动化博览，2014（2）：50 – 55.

［102］赵路军，荣冈 . 流程工业智能工厂建设的再思考［J］. 化工进展，2018，37（6）：2053 – 2059.

［103］杜品圣 . 智能工厂——德国推进工业 4.0 战略的第一步（上）［J］. 自动化博览，2014（1）：22 – 25.

［104］黄俊俊 . 基于智能工厂 MES 关键技术研究［J］. 数字技术与应用，2018，36（5）：122，124.

［105］杨一昕，袁兆才，皮智波，等 . 智能透明汽车工厂的构建与实施［J］. 中国机械工程，2018，29（23）：2867 – 2874.

［106］曹晓红，韩永立 . 两化融合环境下智能工厂探索与实践［J］. 无机盐工业，2019，51（5）：1 – 5.

［107］唐堂，滕琳，吴杰，等 . 全面实现数字化是通向智能制造的必由之路——解读《智能制造之路：数字化工厂》［J］. 中国机械工程，2018，29（3）：366 – 377.

［108］房殿军 . 面向工业 4.0 的智能工厂与智能物流系统建设［J］. 物流技术与应用，

2015，20（6）：91－94.

［109］谢腾腾，闵祥红，李德刚，等．自控专业智能工厂设计技术初探［J］．仪器仪表用户，2020，27（7）：97－98，35.

［110］胡宇清．数字化转型与智能制造实践［J］．金属加工（冷加工），2020（7）：9－10.

［111］卢剑伟．基于大数据的智能工厂数据平台架构设计研究［J］．电子制作，2020（13）：98－99.

［112］龚东军，陈淑玲，王文江，等．论智能制造的发展与智能工厂的实践［J］．机械制造，2019，57（2）：1－4.

［113］何冠泯．智能工厂综述与发展趋势探讨［J］．现代商贸工业，2019，40（6）：196－197.

［114］张泉灵，洪艳萍．智能工厂综述［J］．自动化仪表，2018，39（8）：1－5.

［115］卢鋆．"低轨增强"将为世界卫星导航发展带来新赋能！［EB/OL］.（2020－01－21）［2020－06－26］. https：//zhuanlan. zhihu. com/p/103509193？utm_ source = cn. wiz. note.

［116］百度百科．低轨道卫星系统［EB/OL］.［2020－06－26］. https：//baike. baidu. com/item/% E4% BD%8E% E8% BD% A8% E9%81％93% E5% 8D% AB% E6%98％9F% E7％B3％BB% E7％BB％9F/10691542？fromtitle = % E4％BD％8E% E8% BD% A8% E5% 8D% AB% E6%98％9F&fromid = 15942672&fr = aladdin.

［117］陈山枝．关于低轨卫星通信的分析及我国的发展建议［J］．电信科学，2020，36（6）：1－13.

［118］赛迪顾问物联网产业研究中心．中国卫星互联网产业发展研究白皮书（节选）［N］．通信产业报，2020－06－15（017）.

［119］刘曦．卫星互联网＋5G构建天地一体化信息网络［N］．中国电子报，2020－06－05（007）.

［120］宋婷．Space X完成第50次火箭着陆收回，验证更大安全包络［J］．导弹与航天运载技术，2020（2）：27.

［121］LIXIN CHENG, QINGJIN CHENG, KANGKANG XU, et al. A Bishop－Phelps－Bollobás theorem for Asplund operators［J/OL］. Acta Mathematica Sinica：1－18.［2020－04－08］. http：//kns. cnki. net/kcms/detail/11. 2039. 01. 20200407. 1854. 065. html.

［122］纪凡策，李博，周一鸣．卫星物联网发展态势分析［J］．国际太空，2020（3）：47－52，63.

［123］TARAS BANAKH, MALGORZATA FILIPCZAK, JULIA WÓDKA. Returning functions

195

with closed graph are continuous［J］. De Gruyter，2020，70（2）：297 – 304.

［124］魏肖，成俊峰，王静贤，等. 基于5G技术的低轨卫星物联网技术［J］. 移动通信，2020，44（3）：14 – 21.

［125］谢珊珊，李博. 2019 年国外通信卫星发展综述［J］. 国际太空，2020（2）：30 – 37.

［126］刘全，葛新，李健十，等. 非静止轨道宽带通信星座频率轨道资源全球态势综述（上）［J］. 卫星与网络，2020（Z1）：66 – 69.

［127］吕智勇. 6G 网络中的卫星通信［J］. 数字通信世界，2020（1）：27 – 28.

［128］张嘉毅. 美国 Space X 公司"星链"星座第二批 60 颗卫星成功发射［J］. 科技中国，2019（12）：106.

［129］崔雪伟. 基于 NB – IoT 的低轨卫星物联网业务流程的研究与设计［D］. 南京：南京邮电大学，2019.

［130］李大伟，季剑军，孔亦舒，等. 世界经济大调整的可能性正在上升中——2019—2020 年世界经济形势分析与展望［J］. 中国经贸导刊，2019（22）：30 – 34.

［131］孔超. SpaceX 公司"星链"计划发展情况及影响分析［N］. 中国科学报，2019 – 08 – 27（008）.

［132］李博，赵琪. 2018 年国外通信卫星发展综述［J］. 国际太空，2019（2）：34 – 41.

［133］徐烽，陈鹏. 国外卫星移动通信新进展与发展趋势［J］. 电讯技术，2011，51（6）：156 – 161.

［134］方芳，吴明阁. 全球低轨卫星星座发展研究［J］. 飞航导弹，2020（5）：88 – 92，95.

［135］刘小洋，伍民友. 车联网：物联网在城市交通网络中的应用［J］. 计算机应用，2012，32（4）：900 – 904.

［136］国金证券股份有限公司. 全球配置卫星互联网，低轨卫星成宠儿［R］. 国金证券，2020 – 05 – 08.

［137］央视网. 国家发改委首次明确"新基建"范围［EB/OL］.（2020 – 04 – 21）［2020 – 07 – 28］. http：//www. mofcom. gov. cn/article/i/jyjl/e/202004/20200402957398. shtml.

［138］赛迪智库. 赛迪发布《中国"新基建"发展研究报告》［R/OL］.（2020 – 06 – 17）［2020 – 07 – 28］. http：//news. ccidnet. com/2020/0617/10530066. shtml.

［139］楚耘. 新基建与物流［J］. 中国储运，2020（5）：12.

［140］喜崇彬. "新基建"给物流行业带来的机遇与变革［J］. 物流技术与应用，2020，25（4）：66 – 68.

［141］记者部．大数据、智能化下的数字供应链蝶变升级——"新基建"与现代供应链系列在线座谈会实录［J］．中国储运，2020（6）：38.

［142］乔雪峰．物流产业数字化新基建推进速度加快［EB/OL］．（2020－04－09）［2020－07－28］．http：//finance. people. com. cn/n1/2020/0409/c1004－31667477. html.

［143］孔庆峰．新基建加速物流业升级［EB/OL］．（2020－05－09）［2020－07－28］．https：//mp. weixin. qq. com/s/0sOAccD9hB8nU03U－kLq3g.

［144］傅军．关于建议国家加大"新基建"投资布局的提案［EB/OL］．（2020－05－19）［2020－07－28］. https：//www. sohu. com/a/396209227_135869.

［145］中国政府网．中华人民共和国突发事件应对法［EB/OL］．（2007－08－30）［2020－07－16］．http：//www. gov. cn/ziliao/flfg/2007－08/30/content_732593. htm.

［146］京东物流．京东物流：供应链科技在突发公共事件中的应用及趋势（附报告）［EB/OL］．（2020－05－11）［2020－07－16］. https：//www. dx2025. com/archives/82667. html.

［147］王继祥．重磅发布：新一代物流三大特征与发展趋势［EB/OL］．（2017－12－18）［2020－07－16］. https：//www. sohu. com/a/211129590_757817.

［148］中物联企业频道管理员．一场疫情带来的思考：供应链如何应对突发事件［EB/OL］．（2020－03－27）［2020－07－16］. http：//www. chinawuliu. com. cn/zixun/202003/27/496804. shtml.

［149］摩方物联．解读：5G时代下的智慧供应链创新！［EB/OL］．（2019－01－24）［2020－07－16］. https：//www. sohu. com/a/291181185_100085523.